Geheime Künste

AYURVEDA

GOPI WARRIER, DR. HARISH VERMA
UND KAREN SULLIVAN

EVERGREEN is an imprint of TASCHEN GmbH

Copyright © für diese Ausgabe:
2003 TASCHEN GmbH
Hohenzollernring 53, D-50672 Köln
www.taschen.com

Originalausgabe von
THE IVY PRESS LIMITED, The Old Candlemakers, Lewes, East Sussex BN7 2NZ
Art director *Peter Bridgewater* – **Redaktionsleitung** *Sophie Collins*
Designer *Siân Keogh, Sandra Marques* – **Redaktion** *Kim Davies, Mary Devine*
Bildrecherche *Mary Devine* – **Fotografien** *David Jordan, Guy Ryecart*
Bildbeschaffung *Kim Davies, Siân Keogh* – **Illustrationen** *Axis Design Editions Limited,*
Michael Courtney, Catherine McIntyre, Andrew Kulman, Stephen Raw, Sarah Young
Dreidimensionale Modelle *Mark Jamieson*
Copyright © 2001 The Ivy Press Limited

Gesamtproduktion der deutschen Ausgabe:
akapit Verlagsservice Berlin – Saarbrücken (www.akapit.de)
Übersetzung aus dem Englischen: *Jacqueline Dubois (akapit Verlagsservice)*
Lektorat: *Ina Friedrich (akapit Verlagsservice)*

Die Ratschläge und Empfehlungen in diesem Buch wurden von Autoren und
Verlag nach bestem Wissen und Gewissen erarbeitet und sorgfältig geprüft.
Dennoch kann eine Garantie oder Haftung nicht übernommen werden.

Printed in China

ISBN 3-8228-2489-5

INHALT

Ein natürliches System
Ayurveda verwendet verschiedene Therapien zur Steigerung des Wohlbefindens.

ÜBER DIESES BUCH

Ayurveda ist eine Heilkunst, die seit Jahrtausenden praktiziert wird. Dieses Buch erklärt die Grundlagen in einfachen Worten, sodass es auch für Anfänger gut geeignet ist. Es ist in in vier Kapitel unterteilt. Das erste Kapitel führt Sie durch die Geschichte des Ayurveda und hilft Ihnen, Ihren Konstitutionstyp zu bestimmen. Im zweiten und dritten Kapitel werden die Therapien und Abläufe erläutert, wobei sich ein ganzer Abschnitt dem Thema „Ernährung" widmet. Im letzten Kapitel erfahren Sie, wann Sie einen Arzt aufsuchen sollten und wie Sie Ayurveda zu Hause anwenden können.

Wichtiger Hinweis

Die Ratschläge und Empfehlungen in diesem Buch wurden von den Autoren und dem Verlag nach bestem Wissen und Gewissen erarbeitet und sorgfältig geprüft. Dennoch kann eine Garantie oder Haftung nicht übernommen werden. In allen medizinischen Fragen ist der Rat eines Arztes maßgebend.
Die Vorschläge in diesem Buch dürfen nicht als Ersatz für eine medizinische Behandlung angesehen werden.

Die Selbstdiagnose
Mit einfachen Fragebögen können Sie Ihren Konstitutionstyp bestimmen.

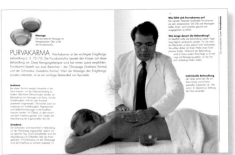

Massage
Die ayurvedische Massage mit medizinierten Ölen ist Teil des Purvakarma.

PURVAKARMA

Panchakarma ist die wichtigste Entgiftungsbehandlung (s. S. 72–75). Die Purvakarmakur bereitet den Körper auf diese Behandlung vor. Diese Reinigungstherapie wird fast immer zuerst empfohlen. Purvakarma besteht aus zwei Bereichen – der Ölmassage (Snehana Karma) und der Schwitzkur (Swedana Karma). Weil die Massage den Entgiftungsprozess unterstützt, ist sie ein wichtiger Bestandteil des Ayurveda.

Snehana
Bei dieser Technik werden Heilkräuter in die Haut massiert, um die Ölüberschwitzung zu fördern...

Swedana
Die Schwitzkur wird durchgeführt in Verbindung mit der Ölmassage...

Wie fühlt sich Purvakarma an?
Die meisten Patienten empfinden Purvakarma als sehr entspannend...

Wie lange dauert die Behandlung?
In Idealfall sollte die Behandlung sieben Tage lang täglich wiederholt werden...

Individuelle Behandlung
Der Heiler stimmt die Öle auf Ihren Dosha und auf Ihren speziellen Symptomen ab...

Die Therapien — Auf den farbigen Seiten finden Sie Erklärungen zur Arbeit eines ayurvedischen Heilers.

Selbstmassage

Selbstmassage
Je nach Ihrem Dosha-Typ sollten Sie sich mehr oder weniger häufig selbst massieren.

Für alle Dosha-Typen werden regelmäßige Ölmassagen empfohlen. Das beste Öl für Vata-Typen ist...

Welche Öl arten?

Für die einzelnen Dosha-Typen werden unterschiedliche Öl arten empfohlen...

Das Schwitzen ist auch ein wichtiger Bestandteil des Entgiftungsprozesses...

Kapha-Typen werden brennende Sorten wie Senf-, Mais- und Färberdistelöl empfohlen.

Energie fördern

Viele von uns haben eine schlechte Körperhaltung...

Nach der Massage

Die Theorie — Auf den schwarz-weißen Seiten werden die Theorien hinter den ayurvedischen Anwendungen erläutert.

YOGA-ÜBUNGEN

Die folgenden Asanas fördern die Harmonie zwischen Körper, Geist und Seele. Übungen für die rechte Seite des Körpers müssen nur auf der linken wiederholen...

Der Baum

1. Aufrecht stehen, mit den Händen an den Seiten und die Fußsohlen...

2. Die linke Fußsohle an die Innenseite des linken Oberschenkels legen...

3. Die Arme über den Kopf heben und die Handflächen zusammenführen. Position 30 Sekunden halten.

Die Kobra

1. Auf dem Bauch liegen, Beine und Zehen gerade. Das Kinn auf dem Boden.

2. Handflächen neben die Schultern setzen. Einatmen und langsam Kopf und Brust vom Boden heben.

3. Arme strecken. Den Rücken nach hinten über durchgehen. Position halten. Ausatmen und lockern.

Wie Yoga hilft

Vata-Typen hilft die Kobra-Übung z. B. bei...

Die Selbsthilfe — Auf vielen Seiten bieten wir zusätzlich praktische Tipps für daheim an.

114   115   80   81

Einführung

Alte Philosophie
Ayurveda fußt auf der Philosophie, der Religion und der Mythologie Indiens.

Ayurveda ist eine überlieferte Heilkunst, die in Indien und Sri Lanka praktiziert wird. Wie die Traditionelle Chinesische Medizin ist auch Ayurveda ein ganzheitliches System. Die verschiedenen Bestandteile dieses Systems zielen darauf ab, die emotionale, physische und geistige Gesundheit zu fördern. Ayurveda wurde bereits vor Buddhas Lebzeiten angewandt und spiegelt sich auch in einigen biblischen Geschichten wieder.

Der „Baum" des Ayurveda teilt sich in viele verschiedene „Zweige", die alle Aspekte von Gesundheit und Heilung abdecken sollen. Um den vollen Nutzen aus Ayurveda zu ziehen, ist es hilfreich, neben der Medizin auch den anderen Bestandteilen Beachtung zu schenken, z. B. Astrologie, Meditation, Yoga, Massage, Klang- und Musiktherapie, Atemübungen und vielem mehr.

Der ayurvedische Ansatz unterscheidet sich erheblich von der Schulmedizin. Ayurveda wendet sich an jeden Bereich des Lebens und stellt den Zusammenhang zur Umwelt her.

Für Gesundheit und Wohlergehen ist es nicht notwendig, jedes Element des Ayurveda anzunehmen, aber indem wir einem allgemeinen ayurvedischen Lebensstil folgen, können wir bei wachsendem Stress, Druck und Sorgen unsere Ausgeglichenheit bewahren. Vor allem aber ist es ein Weg, durch dem wir harmonisch leben und Krankheiten verhindern können sowie schneller wieder genesen, falls wir doch einmal krank werden sollten.

Die Geschichte des Ayurveda

Ayurveda ist eine Kombination aus
Wissenschaft und Philosophie, die
sich auf die für unsere Gesundheit
notwendigen physischen, mentalen,
emotionalen und spirituellen Aspekte
konzentriert. Es soll vom Gott Brahma,
dem Schöpfer des Universums im
Hinduismus, durch die *Veden* (die heiligen Bücher), überliefert worden sein.

Diese bestehen aus der *Rigveda* (der
ältesten), der *Yajusveda* und der *Sama-
veda* (dem Rückrad indischer Religion
und Philosophie) sowie der *Atharava*,
der Hauptquelle des Ayurveda.

Das medizinische Wissen soll vom
Gott Indra an den Weisen Atreya überliefert worden sein und führte zur medizinischen Charaka-Tradition. Ayurvedische Bücher wurden 600 V. CHR. –
1000 N. CHR. von Charaka, Sushruta
und Vaghbhatta geschrieben.

Göttliche Offenbarung

Die Chirurgie soll König Devodas auf göttlichem
Weg übertragen worden sein und führte zur
Sushruta-Tradition der ayurvedischen Chirurgie.

AYURVEDA:
LEBENSWEISHEIT

Ayurveda bedeutet wörtlich „Lebensweisheit". Es stammt aus dem indischen Sanskrit und leitet sich von den Wörtern *Ayus* (Leben) und *Vid* (Wissen) ab. *Ayus* sind tägliche Zyklen, die den Körper, die Sinne, den Geist und die Seele repräsentieren. *Veda* ist das Wissen um unsere Welt und wie alles darin funktioniert. Die *Rishis* (weise Männer) des alten Indiens entdeckten Veda, das die Geheimnisse von Gesundheit und Krankheit enthielt. Daraus entwickelten sie die Lebensweisheit, die wir heute als Ayurveda kennen, bei der viele physische, mentale, emotionale und spirituelle Aspekte eine wichtige Rolle für Gesundheit und Wohlbefinden spielen. Aus diesem Grund ist Ayurveda ganzheitlich, d. h. es wendet sich an den gesamten Menschen und an jeden Bereich seiner Gesundheit.

Ayurveda verstehen

Das Gleichgewicht
Die Balance zwischen Körper, Geist und Seele ist das Ziel von Ayurveda.

Die Schulmedizin

In der Schulmedizin ist man normalerweise der Ansicht, dass alle Menschen gleich sind und behandeln die Symptome anstelle des Individuums. Ayurveda geht auf die Einzigartigkeit jedes Patienten ein und zieht sowohl die geistige als auch die körperliche Gesundheit in Betracht. Die Diagnose fußt auf der Konstitution des Patienten.

Eine moderne Sichtweise

Obwohl Ayurveda über 3.000 Jahre alt ist, hat es sich im Laufe der Zeit stark verändert, so wie sich der Lebensstil, die Ernährung und die Ansprüche, denen der Mensch heute ausgesetzt ist, verändert haben. Viele Krankheiten, wie der Reizdarm und das chronische Erschöpfungssyndrom, wurden bereits erfolgreich mit Ayurveda behandelt, wenn die herkömmliche Medizin versagt hat. Ayurveda ist keine altertümliche Mythologie, sondern ein dynamisches, fortschrittliches Gesundheitswesen, dessen Wirkung bereits wissenschaftlich bewiesen wurde.

Die uralte Heilkunst des Ayurveda lehrt, dass jede Krankheit sowohl den Körper als auch den Geist betrifft und behandelt daher niemals nur eines von beidem. Ayurvedische Medizin kann einfach und geradlinig sein, etwa bei einem Kräuterheilmittel gegen Hals- oder Kopfschmerzen, oder deutlich tiefgründiger, wenn sie z. B. unsere Gesundheit in früheren Leben als Basis für dieses Leben ansieht.

Gute Gesundheit

Gemäß der vedischen Philosophie wird unser Leben sinnvoll, wenn wir versuchen, unser Potenzial auszuschöpfen. Das kann nur bei guter Gesundheit erreicht werden. Die ayurvedische Lehre basiert auf dem Konstitutionstyp der Person, der ihre Anfälligkeit für bestimmte Krankheiten beeinflusst.

Dabei werden sowohl psychosomatische Faktoren als auch ein etwaiges Ungleichgewicht in der Konstitution in Betracht gezogen. Das Wohlbefinden soll erhalten werden und unsere geistigen, intellektuellen und körperlichen Fähigkeiten zur Selbstheilung werden gefördert. Die Behandlung zielt auf die Beseitigung des Ungleichgewichts in den Dosha ab (s. S. 30–31).

Göttliche Medizin

Ein indisches Sprichwort besagt, dass Reichtum, der durch die Behandlung Kranker — also durch ihr Leiden — angehäuft wurde, unrein ist. Ayurveda wurde durch göttliche Überlieferung weitergegeben und sollte daher aus Leidenschaft und Edelmut praktiziert werden, nicht aus Habsucht und Egoismus.

Religiöse Wurzeln
*Ayurveda hebt die spirituelle
Seite des Lebens hervor und hat
seinen Ursprung im Hinduismus.*

DIE GESCHICHTE DES AYURVEDA

Die lange Geschichte des Ayurveda ist eng mit der indischen Mythologie
verwoben. Obwohl Ayurveda keinem bestimmten Land, keiner Religion oder
keinem Volk gehört, sind seine Wurzeln im Fernen Osten zu finden – vor allem
in der *Charaka Samhita*. Dieses bemerkenswerte Dokument über die innere
Medizin entstand über 2.000 Jahre vor der Erfindung des Mikroskops. Darin
wird erklärt, dass der Körper aus Zellen besteht. Es werden auch 20 verschiedene Mikroorganismen aufgeführt, die Krankheiten verursachen können.

Ursprung
Vor tausenden von Jahren
wurden die Rishis (heilige
Männer) durch die Leiden der
Menschheit entmutigt, da die
Menschen durch Krankheiten
und eine geringe Lebens-
erwartung keine Zeit hatten,
sich um ihre Spiritualität zu
kümmern. 52 Rishis reisten
daraufhin in den Himalaya,
wo sie lernen wollten, die
Welt von Krankheiten zu
befreien.

Der Weg zur Gesundheit
*Spiritualität gilt als
einer der Eckpfeiler
für das Wohlergehen.*

Böse Geister

Vor dem Aufkommen von Ayurveda ging man davon aus, dass ein kranker Körper von einem bösen Geist besessen war. Der Geist in einem besessenen Körper wurde so sehr von weltlichen Belangen belastet, dass die Erleuchtung sowie die körperliche und geistige Gesundheit verhindert wurden.

Brahmas Geschenk

Die Veden, die Quelle des ayurvedischen Wissens, wurden vom Gott Brahma, dem Schöpfer des Universums, überliefert.

Die Geburt des Ayurveda

Die 52 Rishis meditierten zusammen und erhielten so das Wissen, das als Ayurveda niedergeschrieben wurde. Der wichtigste Text, die *Charaka Samhita*, ist heilig. Drei Aspekte des Wissens wurden an die Rishis weitergegeben: Ätiologie (die Lehre von den Krankheitsursachen), Symptomatologie (die Lehre von den Symptomen) sowie die Behandlungslehre.

Gott der Heilung

Shiva ist einer der hinduistischen Götter der Heilung.

Der Ursprung

Ayus und vid
Die Sanskrit-Wörter „Ayus"
(Leben) und „Vid"(Wissen) *sind
die Wurzeln des Wortes
Ayurveda: „Lebensweisheit".*

Einige Experten sind der Ansicht, dass die frühesten ayurvedischen Lehren aus den heiligen Schriften des Hinduismus, den Veden, stammen. Dies kann jedoch nicht bewiesen werden. Es gibt insgesamt vier Veden. Die *Atharva Veda*, ein Teil der vierten Veda, enthält einen der frühesten Berichte über die Heilkunst. Aus diesem und anderen Texten (s. S. 15) wurde die ayurvedische Medizin entwickelt.
In den folgenden Jahrhunderten erfolgten stets Anpassungen an die sich verändernden Lebensumstände.

Die Verbreitung

Asoka (272–231 v. Chr.), ein indischer Herrscher, ließ viele ayurvedische Krankenhäuser bauen. Außerdem schickte er seine Schüler in den Nahen und Fernen Osten und so gewann die ayurvedische Philosophie von Indien aus allmählich mehr und mehr Einfluss auf die Lehren Chinas, Arabiens, Persiens und Griechenlands.

Wir wissen, dass ayurvedische Heiler bis ins antike Athen gelangten. Die traditionelle griechische Medizin basiert zwar auf einem Konzept von anderen Konstitutionstypen, diese sind aber dem ayurvedischen Prinzip der drei Doshas (s. S. 30–31) sehr ähnlich. Die griechische Medizin hatte einen großen Einfluss auf die Entwicklung der westlichen Lehre.

Die ayurvedischen Einflüsse auf die chinesische Medizin sind eindeutig: Beide arbeiten mit Energiepunkten, Pulsdiagnostik und Kräuterheilmitteln. Die fünf Elemente der chinesichen Medizin haben ihren Ursprung vermutlich in den *Panchamahabhutas* (s. S. 54–55).

Das 20. Jahrhundert

Bis zum Beginn des 20. Jahrhunderts war Ayurveda das bedeutendste Heilsystem in Indien. Die späteren Kolonialherrscher vertrauten eher den westlichen Praktiken und bezeichneten Ayurveda als „altmodisch". Viele reiche Familien ermutigten ihre Kinder, westliche Medizin zu studieren, und Ayurveda geriet beinahe in Vergessenheit.

1980 beschloss die indische Nationalversammlung, dass Ayurveda den gleichen Status wie die westliche Medizin erhalten sollte. Heute ist Ayurveda eine blühende Wissenschaft. In den letzten 10 Jahren entstanden in Indien mehr als 500 neue ayurvedische Krankenhäuser und Betriebe. Schulmediziner und ayurvedische Heiler arbeiten inzwischen Seite an Seite.

Ein transzendentaler Yogi

Ayurveda wurde in der westlichen Welt in den 60er Jahren von Maharishi Mahesh Yogi, dem indischen Guru der Transzendentalen Meditation, eingeführt. Er gibt heute Seminare in den USA und Deutschland und zählt u. a. die Beatles zu seinen Anhängern.

Kräuter
Ayurvedische Arzneimittel basieren auf natürlichen Zutaten und werden aus Kräutern hergestellt.

DIE ACHT ZWEIGE

Ayurvedische Medizin teilt sich in acht Bereiche auf. Heiler, auch *Vaidyas* genannt, erfahren eine Ausbildung in den Grundlagen von Ernährung, Psychologie, Kräuterkunde sowie Klimakunde und in den meisten Fällen auch in Edelsteintherapie und Astrologie.

Der ganzheitliche Ansatz
Das Ziel des Ayurveda ist nicht nur die Heilung von Kranken, sondern auch das Verhindern von Krankheiten und das Bewahren von Leben. Die ayurvedische Schöpfungstheorie erörtert verschiedene, miteinander verknüpfte Faktoren, z. B.:
- den Körper
- den Geist
- die Seele (das Bewusstsein)
- die Panchamahabhutas (die fünf Elemente).

Diese vier Faktoren ergänzen sich und sind für den Einzelnen jeweils gleich wichtig.

Der Lebensbaum
Ayurveda beinhaltet alle Zweige der Medizin, von der Pädiatrie zur Geriatrie, von der Kräuterkunde bis zur Chirurgie.

GERIATRIE

ALLGEMEINE UND
PLASTISCHE CHIRURGIE

ALLGEMEINMEDIZIN

OHREN, NASE UND HALS

TOXIKOLOGIE

GEBURTSHILFE UND
GYNÄKOLOGIE

PÄDIATRIE

VERJÜNGUNGSTHERAPIE

Das Gesetz des Karma

Harmonisches Leben
*Nach der ayurvedischen Lehre
führt der Pfad zur Harmonie
über ein moralisches Leben.*

Karma ist der hinduistische Glaube an die Gegenseitigkeit, d. h. jede Aktion führt zu einer gleichen und zu einer entgegengesetzten Reaktion. Karma ist ein wesentlicher Bestandteil aller östlichen Religionen, inkl. des Buddhismus, Jainismus und natürlich des Hinduismus. Man findet es in allen verschiedenen Formen der hinduistischen Philosophie.

Das Konzept des Karma legt auch die Grundlage für die Theorie der Wiedergeburt: Jedes Lebenswesen muss durch einen Zyklus von Geburt und Wiedergeburt hindurch, bis der Zustand der Perfektion erreicht ist. Erst dann kann die Erlösung aus dem ewigen Kreis der Wiedergeburt in dieser Welt, in der wir im Grunde genommen zum Leiden verurteilt sind, erfolgen. Diese Erlösung, *Moksha* genannt, ist das höchste Ziel aller Lebewesen.

Nach der Lehre des Ayurveda sind Krankheiten Auswirkungen des Karma. Keine andere Theorie konnte bisher das Leiden von wirklich guten Menschen oder Kindern glaubhaft erklären. Diese Theorie weist nicht auf einen grausamen Gott hin, sondern auf ein gerechtes, ausgeglichenes Wesen und ein Bewusstsein, in dem alle positiven und negativen Kräfte automatisch ausgeglichen werden, um ein harmonisches Leben zu gewährleisten.

Die Arten des Karma

Im Hinduismus existieren drei Arten von Karma für das Individuum:

• Mit dem *Prarabdha Karma* werden wir geboren und es bezieht sich auf das Karma im letzten Leben. Waren Sie z. B. ein grausamer Ehemann, so kann sich das auf Ihre Ehe in diesem oder einem späteren Leben auswirken. Vielleicht bekommen Sie einmal eine grausame Ehefrau.

• Das *Sanchita Karma* haben Sie durch Gedanken und Handlungen in diesem Leben erworben.

• Das *Agama Karma* können Sie durch weitere Handlungen in diesem oder einem späteren Leben erreichen.

Krankheiten, die durch schlechtes Karma hervorgerufen werden, können nicht durch eine medizinische Behandlung allein geheilt werden. Die indische Astrologie (s. S. 142–45) hilft Ihnen, Ihr Karma und die Gründe für Ihre Krankheiten zu verstehen. Daraus können Sie ersehen, inwieweit Sie Ihr Leiden durch eine Behandlung heilen können.

Das Karma bereinigen

In der *Charaka Samhita*, der heiligen ayurvedischen Schrift, gibt es eine eindeutige Aussage, dass alle Krankheiten nur dann geheilt werden können, wenn das Karma, das sie verursacht hat, vollständig gesühnt wird.

Der versteckte Weg
*Regelmäßige spirituelle Übungen
wie Meditation können die
Gesundheit fördern.*

URSACHE UND WIRKUNG

Die Bedeutung des Karma hat sich im Laufe der Zeit verändert, aber es dreht
sich immer um das Grundprinzip der „Handlungen", besonders religiöser.
Handlungen, gute oder schlechte, haben positive oder negative Ergebnisse.
Schwere Krankheiten, Unfruchtbarkeit sowie Haut- und Geisteskrankheiten
können das Ergebnis von schlechtem Karma sein.

Schwere Erkrankungen
Die Heilmittel für Krankheiten,
die durch Karma ausgelöst
werden, sind Gebete, spirituelle und religiöse Handlungen
und die Anwendung von
Mantras. Die meisten ayurvedischen Heiler würden
sich dafür verbürgen, dass
schwere Erkrankungen ganz
oder zumindest teilweise
durch diese Mittel geheilt
werden können.

Karma freisetzen
*Geistige Ergebenheit kann viele
Formen annehmen und der
Freisetzung des Karma dienen.*

Die Auswirkungen des Karma

Körperlich Ereignisse
*Unsere Gesundheit kann
von früher angesammeltem
Karma abhängen.*

Wahrnehmung
*So, wie wir die Welt
betrachten, verhalten
wir uns darin.*

Gefühle
*Negative Emotio-
nen bewirken
schlechtes Karma.*

Veranlagung
*Unser Temperament
kann das Ergebnis von
Handlungen in einem
früheren Leben sein.*

Bewusstsein
*Gemäß dem karmischen
Gesetz lebt unsere Seele
nach dem Tod weiter.*

Ausgeglichenheit

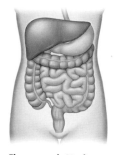

Eine gesunde Verdauung
*Um gesund zu bleiben ist es
wichtig, dass alle Abfallprodukte den Körper verlassen können.*

B eim Ayurveda ist Gesundheit mehr
als die Abwesenheit von Krankheit, sondern ein harmonisches
Miteinander von Gefühlen, Intellekt,
Körper, Handlungen, Verhalten und
unserer Umwelt. Alle diese Elemente
sind gleich wichtig. Ausgeglichenheit
bedeutet Gesundheit.

Wenn wir dieses Ziel erreichen,
erlangen wir damit auch eine innere
Harmonie, die uns Zufriedenheit und
Wohlbefinden beschert. Vom körperlichen Standpunkt aus sind wir gesund,

wenn alle Körperfunktionen (inklusive
Verdauung, Stoffwechsel, Ausscheidungen und Gewebe) ausgeglichen sind.

Ebenso wichtig für unsere körperliche
Gesundheit ist der Zustand des Geistes,
der Seele und der Sinne. Sie sollten
friedlich, zufrieden und glücklich sein.

Gründe für Unausgeglichenheit
Abgesehen von den auf S. 22–23
genannten Faktoren gibt es weitere
Gründe, warum wir unser Gleich-
gewicht verlieren. Wenn wir längere
Zeit entgegen unserer Gewohnheiten
leben, z. B. durch einen ungesunden
Lebensstil oder durch ein hohes
Stressniveau und negative Gefühle,
werden wir krank. Die Doshas (s.
S. 30–31) geraten aus einem oder
mehreren dieser Gründe aus dem
Gleichgewicht.

Entgiftung
Wenn unsere Lebensenergien längere
Zeit unausgeglichen sind, werden wir
oftmals krank. Der größte Schaden entsteht durch die Ansammlung von *Ama*

(s. S. 65), das aus Giften und Abfallprodukten des Körpers besteht. Eine der ersten ayurvedischen Behandlungsmethoden ist daher das 5-Stufen-Entgiftungsprogramm *Panchakarma*, das darauf abzielt, Ama aus dem Körper zu entfernen und die Doshas wieder auszubalancieren.

Wahre Gesundheit

Gemäß der *Charaka Samhita*, der wichtigsten Schrift des Ayurveda, ist man gesund, wenn alle folgenden Voraussetzungen erfüllt sind:

• Die drei Doshas (*Vata, Pitta und Kapha*) sind perfekt ausbalanciert.

• Die fünf Sinne funktionieren normal.

• Körper, Geist und Seele sind in Harmonie.

• Alle Gewebe im Körper *(dhaatus)* funktionieren normal.

• Die drei *Malas* (die Abfallprodukte Urin, Fäkalien und Schweiß) werden produziert und ordnungsgemäß ausgeschieden.

• Die Kanäle im Körper (die den Meridianen ähnliche *Srotas*) sind nicht blockiert und werden von Energie durchflossen.

• Der Stoffwechsel *Agni* ist gesund und der Appetit ist normal.

GESUNDHEIT UND KRANKHEIT

Das Ziel der ayurvedischen Heilkunst ist die Vermeidung von ernsthaften Erkrankungen, indem wir den Auslöser der Krankheit verstehen und ungesunde Angewohnheiten abstellen. Falls wir doch einmal krank werden, gibt es eine Reihe von Behandlungen, die dem Körper helfen, sich selbst zu heilen. Zuerst muss die Ausgeglichenheit zwischen den Lebensenergien wiedergewonnen werden. Danach gilt es, diese Ausgeglichenheit zu bewahren und so ein Optimum an Gesundheit und Wohlergehen zu erlangen.

Ist Theorie wichtig?

Ein Großteil der ayurvedischen Theorie ist aus der westlichen Sichtweise heraus schwer nachzuvollziehen. Trotzdem ist es wichtig, dass wir z. B. verstehen, warum eine Übung gemacht werden sollte, wie und wann wir essen und schlafen sollten usw. Um ein Optimum an Gesundheit und Wohlergehen zu erreichen, müssen wir lernen, das Bewusstsein für unseren Geist zu schärfen und ihn zu respektieren.

Ruhezeit

Eine halbe Stunde ruhiges Sitzen täglich schärft das Bewusstsein für das geistige Selbst.

Heile dich selbst

Gemäß der Weisheit des Ayurveda haben der Körper und der Geist des Menschen die Kraft, sich selbst zu heilen. Diese Selbstheilungskraft wirkt auch in unserer Umwelt.Es ist die Aufgabe von Ayurveda, für die Verbreitung dieser Kraft zu sorgen.

Wir sind, was wir essen

Eine gesunde Ernährung und die richtigen Nahrungsmittel sind entscheidend.

Ein glückliches Leben

Drei Faktoren sind hierfür zu beachten:

• das Bedürfnis, eine Reinheit des Geistes zu erreichen, die über all dem Neid, Ärger, Materialismus und Egoismus der heutigen Welt steht.

• eine gesunde Ernährung und ein vernünftiger Lebensstil.

• Widerstandskraft in Bezug auf Krankheiten, die uns von unseren Eltern vererbt werden können. Die spirituelle Seite von Ayurveda kann dabei unterstützen, in dem sie dem Einzelnen hilft, die negativen Aspekte des Karma zu überwinden (s. S. 20–23).

Vollkommene Einheit

Durch die Kombination von Übungen, Konzentration und Meditation vereint Yoga den Körper, den Geist und die Seele miteinander.

Gründe für Krankheiten

Gesunder Schlaf
*Ausreichender Schlaf fördert
die Gesundheit.*

Beim Ayurveda können viele Faktoren die Gesundheit beeinflussen – einige davon erscheinen für den modernen Leser auf den ersten Blick gewöhnungsbedürftig. So glaubt man im Ayurveda z. B., dass böse Geister durchaus die Ursache vieler Probleme sein können. Andere Gründe sind u. a. Gifte, Umweltverschmutzung, Feuer, Unfälle, Gottes Wille sowie planetarische und karmische Einflüsse (s. S. 20–23). Diese zählen aber zu den zweitrangigen Faktoren.

Ungesundes Verhalten

Der wahre Grund für Krankheiten ist ein Ungleichgewicht, das für gewöhnlich durch drei Dinge ausgelöst wird:

• der Missbrauch von Körper und Geist *(Prajnaparadha)*. Dieser umfasst alles, was die natürliche Ordnung des menschlichen Lebens durcheinanderbringt, und schadet Intellekt, Gefühlen und dem Gedächtnis. Gründe dafür können die Vernachlässigung der Gesundheit durch Alkoholmissbrauch, die Unterdrückung von Bedürfnissen wie Husten, Gähnen, Niesen, Urinieren und Darmentleerung, egoistisches Handeln sowie der Kontakt zu unpassenden (gierigen, hasserfüllten oder wütenden) Menschen sein.

• die ungesunde Verbindung der Sinnesorgane mit Wahrnehmungen *(Asatmyendriyartha Samyoga)*, z. B. durch falsche Stimulierung der Sinne. Dies kann durch laute Geräusche, unhygienische Lebensumstände, durch Einatmen von berauschenden Substanzen oder durch Übertreibung, etwa bei Massagen, geschehen.

• die Einflüsse von Zeit und Jahreszeit (s. S. 132–133). Eine Reihe von Handlungen bilden die Grundlagen des Lebens. Einige werden täglich durchgeführt, einige jährlich und wieder andere nur von Zeit zu Zeit. Weiterhin glaubt man, dass unser Leben in Zyklen stattfindet. Alle Zyklen sind wichtig und müssen in der richtigen Reihenfolge durchlaufen werden, um eine gute Gesundheit zu gewährleisten. Schläft man z. B. nicht genug oder setzt sich übermäßiger Hitze oder Kälte aus, so ist das schädlich. Viele Krankheiten sind jahreszeitlich bedingt und ihre Behandlungen ändern sich entsprechend. Jedes der drei Doshas wird in seiner Saison verstärkt, daher ist es für Menschen mit einem dominanten Dosha wichtig, in dieser Zeit besonders auf dessen Ausgeglichenheit zu achten.

Hauptgrund für Krankheiten

Der Hauptgrund ist das Ungleichgewicht der Doshas, der drei Energieformen, die jede Art von lebender Materie beeinflussen. Es kann plötzlich oder langsam auftreten.

DIE DREI DOSHAS

Entscheidend für die ayurvedische Philosophie ist der Glaube, dass wir aus drei Lebensenergien, den Doshas, bestehen. Jeder von uns wird mit einer ihm eigenen Konstitution geboren. Diese wird durch den Zustand der Doshas unserer Eltern zum Zeitpunkt der Empfängnis sowie durch einige andere Faktoren bestimmt. Wir alle werden im *Prakruthi*-Zustand geboren, d. h. das Niveau aller drei Doshas ist für uns optimal. Der beste Schutz gegen Krankheiten ist eine starke Konstitution. Wenn unsere Doshas durch schlechte Angewohnheiten, falsche Ernährung oder Überarbeitung ins Ungleichgewicht geraten, werden wir anfällig. Ayurveda hilft bei der Verhinderung dieser Entwicklung, indem danach gestrebt wird, den *Prakruthi*-Zustand wieder zu erreichen.

Was sind die Doshas?

Jeder Mensch hat eine individuelle Konstitution, die durch das Gleichgewicht der Lebensenergien, den drei Doshas, bestimmt wird. Im Sanskrit heißen sie *Vata*, *Pitta* und *Kapha*. Unsere Kontitution wird bis zu einem bestimmten Punkt von allen drei Doshas reguliert, aber bei den meisten Menschen sind ein oder zwei Doshas vorherrschend.

Der Vata-Typ

Vatas sind oft dünn, haben trockene Haut, ein langes, eckiges Gesicht, kleine Augen, schiefe Zähne und schmale Lippen. Vatas sind mit den Elementen Raum und Luft verbunden.

Der Pitta-Typ

Pittas sind oft hellhäutig, haben herzförmigen Gesichter, kleine Nasen und helle Augen. Ihre Zähne sind gelblich. Pitta ist mit den Elementen Feuer und Wasser verbunden.

Die gesunde Konstitution

Der beste Schutz gegen Krankheiten ist eine starke Konstitution. Wenn unser Körper gut funktioniert, ist es unwahrscheinlich, dass wir krank werden, aber wenn unsere Konstituion schwach ist, werden wir anfällig. Ayurveda versucht, das zu verhindern.

Der Einfluss der Doshas

Unser Dosha bestimmt unsere Konstitution, unsere Vorlieben und Charaktermerkmale, die Schlafgewohnheiten, ja sogar unsere Ernährung. Im Laufe des Lebens gerät das Dosha durch die Lebensumstände, Ernährung, Stress und Verletzungen ins Ungleichgewicht. Diesen bezeichnet man als *Vikruthi*-Zustand. Ist das Ungleichgewicht ausgeprägt, können Krankheiten entstehen.

Der Kapha-Typ

Kaphas haben fettige Haut, dickes, welliges Haar, blaue oder braune Augen und einen kräftigen Körperbau. Dieses Dosha ist mit den Elementen Wasser und Erde verbunden.

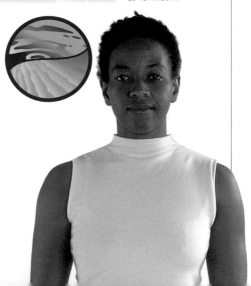

Merkmale der drei Lebensenergien

Einzigartigkeit
*Obwohl jeder Mensch einzig-
artig ist, entsprechen wir doch
alle einem oder mehreren der
drei Dosha-Typen.*

D as Konzept der Doshas existiert
nur in der ayurvedischen
Philosophie, nach der es die
drei Lebensenergien Vata, Pitta, und
Kapha gibt. Diese regulieren die
körperliche und geistige Funktion eines
Lebewesens. Sind sie im Gleichgewicht, gewähren sie Gesundheit und
ein langes Leben. Wenn nicht, sind sie
verantwortlich für Krankheiten und einen
schlechten Allgemeinzustand.

Die drei Typen
Jeder Dosha-Typ hat verschieden
Merkmale. Vata-Typen sind oft dünn,
rastlos und haben schlechte Zähne, die
Angewohnheit des Nägelkauens und
unregelmäßige Schlafgewohnheiten.

Pitta-Typen sind durchschnittlich groß
und oft relativ schlank. Sie haben meist
einen rötlichen oder gelblichen Teint
und grüne, graue oder braune Augen.
Sie sind die geborenen Anführer,
neigen zu Eifersucht und Wut und
können sehr wertend sein.

Kapha-Typen haben einen kräftigen
Körperbau und neigen zu Übergewicht.
Sie haben oft einen starken Sexualtrieb
und einen gesunden Appetit. Sie sind
intelligent, haben eine deutliche Aussprache und ein starkes Immunsystem.

Biologische Abläufe
Die drei Doshas regulieren alle
biologischen Abläufe und bestimmen
unseren physischen und psycholo-
gischen „Aufbau". Das dominante

Dosha in jedem Menschen bestimmt demzufolge auch die folgenden Faktoren:

• unser äußeres Erscheinungsbild
• die Arbeit der inneren Organe
• unsere intellektuellen Fähigkeiten
• unser Temperament.

Bei den meisten Menschen ist eine Mischung aus zwei Doshas vorherrschend, wobei eines dominanter ist als das andere. Das dominante Dosha bestimmt nicht nur die o.g. Faktoren, sondern auch unsere Anfälligkeit für bestimmte Störungen.

Jedes der drei Doshas nimmt im Körper fünf verschiedene Formen an, abhängig von ihrer Lage. Die Vata-Formen sind z. B. *Prana* (im Kopf), *Udana* (Brust), *Vyana* (Herz), *Apana* (Becken) und *Samana* (Magen).

Alter und Lebensabschnitte

Als Kind und Teenager werden wir von Kapha beeinflusst, zwischen 20 und 50 von Pitta und ab 60 von Vata.

Vata
Das Sanskrit-Wort „Vata" bedeutet „sich bewegen". Vata-Typen sind kraftvoll und mobil.

VATA
Vata stammt aus dem Sanskrit und bedeutet „sich bewegen". Es bildet den wichtigsten Bestandteil des Dosha-Gerüstes und ist verantwortlich für alle Bewegungsabläufe im Körper, sowohl physische als auch psychische. Vata unterstützt den Körperbau und das Gewebe und reguliert den Kreislauf. Die kosmische Verbindung ist Wind und das Grundprinzip ist Veränderung. Die Elemente sind Äther und Luft (s. u.) und die Einflüsse sind Aktivität und Bewegung. Vata-Typen sind daher oft anfällig gegenüber Wind und Luft, sie sind unbeständig und haben einen sehr aktiven Lebensstil.

Luft
Luft kann in Verbindung mit der Seele ein Lebewesen erschaffen.

Äther
Äther oder Raum entspricht den Hohlräumen im Körper, z. B. Mund und Nasenlöchern.

Luft/Äther
Die Elemente sind Äther und Luft, die kosmische Verbindung ist Wind, das Prinzip Veränderung.

Kleine Augen

Schlechte, schiefe Zähne

Schmächtig

Raue, trockene Haut

Unregelmäßige Essgewohnheiten

Schneller, schwacher Puls

Neigungen

Der Vata-Typ verdient leicht Geld und gibt es genauso schnell wieder aus. Er ist entschlossen, hat ein unregelmäßiges Gedächtnis und träumt oft vom Fliegen, Rennen, Springen und Klettern.

Ungleichgewicht

Störungen des Vata können zu einem Ungleichgewicht bei Pitta und Kapha führen, da Vata die stärkste der drei Lebensenergien ist. Es bestimmt und reguliert die anderen beiden Doshas.

Vata-Ungleichgewicht

Das Zentrum des Sturms
*Ein Vata-Ungleichgewicht kann durch
ein zu schnelles Leben entstehen und
wird durch Wind verschärft.*

Vata hängt mit Stress, mit dem
Nervensystem und mit Erschöpfung zusammen. Unser moderner
Lebensstil ist daher nicht sehr förderlich.
Vata-Menschen leiden oft unter Sorgen,
Angst, Kummer oder Erregungszuständen, weil sie ständig unter Strom
stehen. Wenn Sie ein Vata-Typ sind
(s. S. 48–51), sollten Sie regelmäßig
eine Auszeit nehmen, um Ihre Batterien
wieder aufzuladen. Lassen Sie es öfter
mal etwas ruhiger angehen.

Was führt zu Ungleichgewicht?

Hauptsächlich ist der moderne Lebensstil verantwortlich, denn Vata wird von
aufregenden Erlebnissen magisch angezogen. Stress, zu viele Aktivitäten, die
Unfähigkeit sich zu entspannen, übermäßiger Genuss von Essen, Tabak oder
Alkohol, Überarbeitung und große
physische oder emotionale Belastung
führen zum Ungleichgewicht, wenn sie
längere Zeit andauern. Selbst ein
Erlebnisurlaub mit vielen Aktivitäten,
der die Vata-Typen besonders anspricht,
kann das Vata reizen. Aus diesem
Grund wird oft empfohlen, dass sie in
einer warmen, entspannenden Umgebung ohne viele Ablenkungen Urlaub
machen. Andere Gründe für Störungen
können z. B. versäumte Mahlzeiten,
unzureichender Schlaf, kaltes, windiges
Wetter und das Essen von zu viel rohen,
kalten oder trockenen Speisen sein.

Zeichen der Ausgeglichenheit

Wenn das Vata mit den anderen
Doshas im Gleichgewicht ist, ist der
Vata-Typ enthusiastisch, konzentriert

und positiv. Der Vata-Typ hat die Fähigkeit zum schnellen Handeln und passt sich neuen Situationen leicht an. Er ist aufmerksam und kreativ, schläft gut und seine Ausscheidungssysteme arbeiten effizient. Das Immunsystem des Vatatypen ist sehr stark.

Zeichen des Ungleichgewichts

Alle folgenden Symptome oder Kombinationen daraus können verräterische Zeichen sein, dass sich das Vata im Ungleichwicht befindet.

- Raue Haut
- Brüchige Fingernägel
- Trockene Zunge
- Grauer Teint
- Verstopfung
- Trockener Husten
- Trockene Augen oder Lippen
- Depression oder Verlust von Lebensfreude
- Problerme des Atemsystems
- Schlaflosigkeit oder unruhiger Schlaf
- Unspezifische Erschöpfungssymptome
- Sorgen und Verwirrung
- Schwindel
- Hoher Blutdruck
- Muskelverspannungen
- Nervenschmerzen
- Zittern oder Schaudern
- Krämpfe
- Gewichtverlust
- „Nervöse" Magenschmerzen

Pitta

*Das Sanskrit-Wort „Pitta"
bedeutet „erhitzen" oder
„brennen" und weist auf ein
hitziges Temperament hin.*

PITTA

Pitta stammt aus dem Sanskrit und bedeutet „erhitzen" oder „brennen". Es ist für alle biochemischen Aktivitäten verantwortlich, inklusive der Erzeugung von Wärme, und besteht aus den Elementen Feuer und Wasser. Die kosmische Verbindung ist die Sonne und das Grundprinzip ist die Umwandlung. Es beeinflusst den Stoffwechsel. Pitta-Typen neigen zur Hitzigkeit und sind in der Lage, mit Leichtigkeit Dinge zu verändern. Durch ihre feurige Natur tendieren sie zu plötzlichen Wutausbrüchen und können sehr wertend sein. Pitta-Typen sind oft von einem extremen Konkurrenzdenken geprägt.

Feuer

*Pitta-Typen sind durch ihre
kosmische Verbindung zur
Sonne oft sehr hitzig.*

Wasser

*Wasser steht für Umwandlung.
Pitta-Typen können oft Dinge mit
Leichtigkeit verändern.*

Feuer/Wasser

*Pitta besteht aus Feuer und Wasser. Zwei seiner Eigenschaften
sind Ungewissheit und Hitze.*

Mittlere Größe

Blaugraue, hell-
blaue, grüne
oder hellbraune
Augen.

Neigungen

Im Allgemeinen sind Pittas
entschlussfreudig, aufgeschlos-
sen und wortgewandt. Zu viel
Arbeit mögen sie nicht. Der
Puls des Pitta ist als *„der
Frosch"* bekannt, weil er sehr
unruhig ist. Ihr Ruhepuls liegt
bei 70–80 Schlägen pro
Minute und ist unregelmäßig.

Oft hungrig, mit
großem Appetit

Helle Haut, die
leicht verbrennt

Pitta-Arten

Die fünf Arten des Pitta:
- *Paachaku* (im Magen), die
wichtigste Pitta-Energie. Sie
unterstützt alle anderen Funk-
tionen und beeinflusst die
Verdauungssäfte
- *Ranjana* (in Milz, Magen
und Leber) ist wegen der
Rolle der Leber bei der
Entgiftung sehr wichtig
- *Saadhaka* (im Herzen)
steuert Verstand, Intellekt,
Gedächtnis, Kreativität,
Selbstbewusstsein und
Romantik
- *Aalochaka* (in den Pupil-
len) beeinflusst die Fähigkeit,
äußere Objekte zu sehen
- *Bhraajaka* (in der Haut)
regelt z. B. die Körpertem-
peratur und das Schwitzen.

Pitta-Ungleichgewicht

Hohe Energie
*Pitta-Typen haben oft ein bren-
nendes Verlangen und sind
übertrieben ehrgeizig.*

Pitta-Menschen sind meistens gesund und stark und haben ein
gutes Immunsystem. Obwohl sie
keinen so starken Antrieb wie Vatas
haben, müssen sie oft erst lernen, sich
zu entspannen. Ihre große Energie treibt
sie weiter voran, wenn andere längst
aufgegeben haben. Da Pitta als Haupt-
element Feuer hat, kann von Zeit zu Zeit
ihre feurige Persönlichkeit durchbrechen,
was oft in Eifersucht, Konkurrenzdenken
und übertriebenem Ehrgeiz resultiert.

Was führt zu Ungleichgewicht?

Wie Vata-Typen können auch Pittas
durch längere Phasen von erhöhtem
Stress und einem unregelmäßigem
Lebensstil ins Ungleichgewicht geraten.
Es ist daher entscheidend, dass Sie viel
schlafen, keine Mahlzeiten auslassen
und ein Ventil finden, um angestaute
Emotionen abzubauen. Weitere Gründe
für ein Ungleichgewicht sind z. B. zu
viel Hitze oder Sonne und salzige,
fettige oder scharfe Speisen, die zu
Verdauungsstörungen führen. Das Pitta
wird gereizt, wenn Sie fernsehen, am
Computer sitzen oder im Gehen essen.

Zeichen der Ausgeglichenheit

Wenn dieses feurige Element ausgeglichen ist, findet man ein hohes Energieniveau gepaart mit Zufriedenheit,
innerer Ruhe und Harmonie. Der Appetit
ist groß und die Verdauung gut. Die
Gestalt des Pittas ist anmutig und seine
Haut ist weich. Alle Hormone sind
ausgewogen, sodass kaum hormonale
Probleme wie PMS auftreten. Die Leber
arbeitet effektiv. Vor allem aber wird der

Pitta-Typ bei sich vergrößerte intellektuelle Fähigkeiten, mehr Kreativität und Erfolg erleben. Pittas sollten viel Wasser trinken und sich möglichst in einer kühlen Umgebung aufhalten. Der ideale Wohnort liegt in der Nähe von Wasser.

Zeichen des Ungleichgewichts

Alle folgenden Symptome oder Kombinationen daraus können verräterische Zeichen sein, dass sich das Pitta im Ungleichgewicht befindet.

- starkes Schwitzen und Hitzewallungen
- schlechter Atem
- Schlafschwierigkeiten
- schlechte Verdauung
- schwache Leber
- Hormonmangel
- Sodbrennen
- Hautausschlag
- übermäßiger Hunger
- gelblicher Teint und schlechte Haut
- Entzündungen
- Reizdarm

Feuriges Temperament

Die Gefühle des Pittas sind feurig – Eifersucht, Hass, Wut und Ärger sind häufig. Sie vergehen ebenso schnell, wie sie gekommen sind.

Kapha
*Das Sanskrit-Wort „Kapha"
bedeutet „umarmend". Kaphas
sind nachsichtig und liebevoll.*

KAPHA
„*Kapha*" stammt aus dem Sanskrit und bedeutet „umarmen" oder „zusammenhalten". Kapha ist eine Quelle der Stärke und Widerstandskraft und verantwortlich für den Aufbau des Körpers. Es besteht aus den Elementen Wasser und Erde. Durch diese Zusammensetzung (die Erde wirkt stabilisierend) ist Kapha beständiger als die anderen beiden Doshas. Die kosmische Verbindung ist der Mond und das Grundprinzip ist Trägheit. Der Kapha-Typ muss ständig stimuliert werden, damit er sich nicht langweilt. Er ist gut darin Dinge zusammenzuhalten und mag keine Veränderungen.

Wasser
*Die Kapha-Energie reguliert alle
Abläufe auf Wasserbasis, z. B.
die Urinausscheidung.*

Erde
*Das Element Erde ist schwer und
stabil. Kapha-Typen haben oft
einen schweren Körperbau.*

Wasser/Erde
*Kapha besteht aus Wasser und
Erde und ist das verlässlichste
der drei Doshas.*

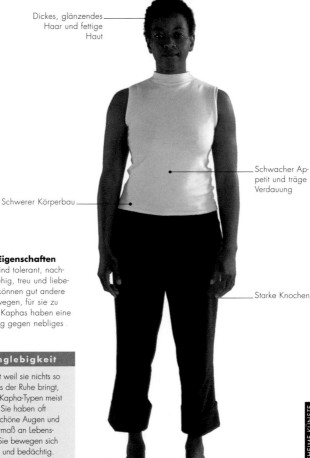

Dickes, glänzendes
Haar und fettige
Haut

Schwacher Ap-
petit und träge
Verdauung

Schwerer Körperbau

Starke Knochen

Kapha-Eigenschaften

Kaphas sind tolerant, nachsichtig, ruhig, treu und liebevoll. Sie können gut andere
dazu bewegen, für sie zu
arbeiten. Kaphas haben eine
Abneigung gegen nebliges
Wetter.

Langlebigkeit

Vielleicht weil sie nichts so
leicht aus der Ruhe bringt,
werden Kapha-Typen meist
sehr alt. Sie haben oft
große, schöne Augen und
ein Übermaß an Lebens-
freude. Sie bewegen sich
langsam und bedächtig.

Kapha-Ungleichgewicht

Standhaft und verlässlich
*Kapha-Typen sind liebevoll und
selbstsicher. Sie handeln langsam, bedächtig und rational.*

Was führt zu Ungleichgewicht?

Der Hauptgrund ist das Fehlen von Sti-
mulationen, was oft in Trägheit resultiert.
Andere Gründe sind kaltes, feuchtes
Wetter, übermäßiges Essen, eine Ernährung, die viel Zucker, Fett oder Salz
enthält (diese Speisen reizen Kaphas),
mangelnde Bewegung und zu viel
Schlaf, besonders tagsüber.

Zeichen der Ausgeglichenheit

Wenn er ausgeglichen ist, ist der
Kapha-Typ wunderbar: ein guter
Freund, geduldig, mitfühlend, mutig
und innerlich gefestigt. Physisch sind
Kaphas stämmig, mit starken Gelenken,
einer kräftigen Statur, einem guten
Ernährungszustand, einer großen
sexuellen Kraft und einer guten
Verdauung. Obwohl sie Sport möglichst
vermeiden, haben sie eine größere
Ausdauer als die anderen Doshas,
wenn sie doch zum Training überredet
wurden. Kapha sorgt im Körper für
Widerstandskraft gegen Krankheiten
und fördert den Heilungsprozess.
Weiterhin reguliert es die Bildung

Der ruhige, gelassene Kapha-Typ
ist sensibel, intuitiv und hat meist
ein einem guten Gesundheitszustand. Dieser schwerknochige Typ
neigt zu Übergewicht, ganz besonders,
weil er gutes Essen liebt. Kaphas haben
kaum Schlafstörungen; meist sind sie
Langschläfer. Ihr treues, liebevolles
Naturell lässt sich manchmal auf ihre
Träg- und Faulheit zurückführen. Ihre
Liebe zu Frieden, Ruhe und Stabilität
im Leben ist jedoch aufrichtig.

selbst der kleinsten Körperzellen und es unterstützt alle geistigen Vorgänge mit stabilisierender Wirkung, z. B. Loyalität, Nachsicht und Liebe.

Zeichen des Ungleichgewichts

Alle folgenden Symptome oder Kombinationen daraus können verräterische Zeichen sein, dass sich das Kapha im Ungleichwicht befindet.

- bleiche, fahle Haut
- Kälteempfindlichkeit
- schwache Verdauung und Übergewicht
- häufiges Verschlafen
- schwacher Stoffwechsel
- Störungen des Atemsystems
- Ödeme
- Allergien
- Depressionen
- Eifersucht
- Apathie oder Trägheit
- Impotenz

Arten des Kapha

Es gibt fünf Kapha-Arten im Körper: *Kledaka* findet man im Magen, *Avalambaka* im Herzen, *Bodhaka* in der Zunge, *Tarpaka* findet man im Kopf und *Sleshaka* in den Gelenken. Ein Kapha-Ungleichgewicht führt daher zu Mängeln und Problemen in den besagten Körperteilen.

Welche Kombination?
Sehr häufig ist man eine Kombination aus mehreren Typen, wobei einer dominant ist.

WAS IST IHR DOSHA? Viele werden sich in den

Portraits auf den S. 34–45 bereits wiedererkannt haben. Ihr Konstitutionstyp ist jedoch einzigartig. Es gibt sieben Haupttypen: drei, in denen ein Dosha vorherrscht (Kapha, Pitta und Vata); drei, die eine Kombination aus zwei Typen sind (Vata/Pitta, Pitta/Kapha oder Vata/Kapha) und ein Typ, in dem alle drei Doshas gleichwertig zu sein scheinen.

Die Bestimmung
Die Fragen auf den folgenden Seiten sollen Ihnen dabei helfen, Ihr Dosha zu bestimmen. Am besten beantworten Sie die Fragen zweimal: einmal allein und einmal mit einem Freund, der seine Meinung beisteuern soll, da es oft schwierig ist, sich selbst objektiv zu beurteilen. Kommen Sie zu verschiedenen Antworten, versuchen Sie es erneut mit einem anderen Freund oder Familienmitglied.

Eine Diagnose stellen
Ein Heiler kann Ihren Typ und ein mögliches Ungleichgewicht leicht diagnostizieren, indem er verschiedene Signale prüft.

Ungleichgewicht in den Augen

Vata-Lebensmittel
*Kennen Sie Ihr Dosha, können Sie
es mit der Ernährung beeinflussen.
Fleisch ist bei Vatas sehr wichtig.*

Pitta-Lebensmittel
*Pitta-Typen sollten oft rohe
Lebensmittel essen und vor allem
im Sommer auf erfrischende
Speisen achten.*

Auswertung
Beantworten Sie einfach jede
Frage zu den Dosha-Typen mit
„ja" oder „nein". Addieren sie
die Ja-Antworten für jeden Typ.
Haben Sie bei einem Typ we-
sentlich mehr Ja-Antworten als
bei den anderen, können Sie
ziemlich sicher sein, dass dieses Ihr Dosha-Typ ist. Sind zwei
Typen etwa gleich, während
der dritte weit abgeschlagen
ist, sind Sie vermutlich ein Kombination aus diesen beiden.
Dass bei einem Menschen alle
drei Typen gleichwertig sind,
kommt nur sehr selten vor.

Kapha-Lebensmittel
*Kaphas sollten viel Gemüse essen,
Getreide und Fleisch aber eher
vermeiden. Sie vertragen meist
gekochte Nahrungsmittel am besten.*

Welcher Typ sind Sie?

Welche Form haben Sie?
*Auch durch Ihre äußere
Erscheinung können Sie Ihren
Konstitutions-Typ bestimmen.*

Denken Sie zuerst bitte an Ihr Erscheinungsbild und an Ihre Konstitution. Die Fragen auf den nächsten Seiten decken viele Bereiche ab, z. B. Ihr Aussehen, wie Ihr Körper reagiert, wie Sie Nahrung verwerten und wie Sie sich anhören. Gehen Sie die Listen durch und kreuzen Sie die relevanten Stellen an. Um ein objektives Ergebnis zu erzielen, sollten Sie einen Freund zu Rate ziehen. Sind Sie sich nicht sicher, lassen Sie die Frage erstmal aus (Auswertung s. S. 46).

Vata	
• Sind Sie sehr groß oder klein und dünn?	☐
• Haben Sie einen schmalen Körperbau?	☐
• Sind Sie sehr schlank und können Sie nur schwer zunehmen?	☐
• Ist Ihr Teint dunkel?	☐
• Haben Sie durchschnittlich viele Haare?	☐
• Haben Sie kleine oder tiefliegende Augen?	☐
• Sind Ihre Augen dunkel oder grau?	☐
• Stehen Ihre Zähne hervor?	☐
• Sind Ihre Zähne sehr klein oder sehr groß?	☐
• Haben Sie eine geringe Ausdauer?	☐
• Ziehen Sie die Wärme der Kälte vor?	☐
• Leiden Sie oft unter Verstopfung?	☐
• Ist Ihre Stimme schwach, leise, heiser oder zitternd?	☐
• Sprechen Sie schnell?	☐
• Ziehen Sie süße, salzige, schwere oder fettige Nahrungsmittel vor?	☐
• Liegt Ihr Puls über 70 (männlich) oder über 80 (weiblich)?	☐

GESAMT

Pitta

- Sind Sie durchschnittlich groß mit einem normalen Muskelaufbau? ☐
- Haben Sie durchschnittliches Gewicht? ☐
- Schwitzen Sie stark, wenn es heiß ist? ☐
- Ist Ihre Haut weich und warm? ☐
- Ist Ihr Teint hell oder rosig? ☐
- Ist Ihr Haar dünn, weich, rot oder hell? ☐
- Sind Ihre Augen normal groß? ☐
- Sind Ihre Augen blau, grau oder braun? ☐
- Sind Ihre Zähne normal groß und haben eine gelbliche Farbe? ☐
- Haben Sie Ausdauer und Kraft? ☐
- Ziehen Sie die Kühle der Wärme vor? ☐
- Führt die Arbeit Ihres Verdauungssystems öfter zu Durchfall? ☐
- Sind Sie überzeugend und haben Sie eine präzise Aussprache? ☐
- Ziehen Sie süße, leichte, warme und bittere Nahrungsmittel vor? ☐
- Sind Sie oft hungrig und können Sie nur schlecht eine Mahlzeit auslassen? ☐
- Liegt Ihr Puls bei 60–70 (männlich) und bei 70–80 (weiblich)? ☐

GESAMT ☐

Kapha

- Sind Sie stämmig und relativ groß? ☐
- Haben Sie einen starken Körperbau? ☐
- Nehmen Sie leicht zu? ☐
- Schwitzen Sie kaum? ☐
- Ist Ihre Haut feucht und kühl? ☐
- Ist Ihr Teint fahl? ☐
- Ist Ihr Haar dick, glänzend und braun? ☐
- Sind Ihre Augen groß und vorstehend? ☐
- Sind Ihre Augen blau oder braun? ☐
- Haben Sie weiße Zähne und ein gesundes Zahnfleisch? ☐
- Haben Sie große Zähne? ☐
- Bewegen Sie sich ruhig und bedächtig? ☐
- Haben Sie eine gute Ausdauer? ☐
- Haben Sie eine normale Verdauung? ☐
- Haben Sie normalen Appetit und können Sie leicht eine Mahlzeit auslassen? ☐
- Sprechen Sie langsam? ☐
- Bevorzugen Sie trockene, fettarme, süße und scharfe Nahrungsmittel? ☐
- Liegt Ihr Puls unter 60 (männlich) und unter 70 (weiblich)? ☐

GESAMT ☐

DER VERSTAND

Die nächsten Fragen beziehen sich auf Ihren geistigen Zustand. Überlegen Sie, wie Sie das Leben angehen und wie Ihre geistigen und emotionalen Reaktionen auf Ihre Umwelt aussehen. Welche Stimmungen kennen Sie von sich? Wie treten Sie dem täglichen Leben und seinen Herausforderungen entgegen? Gleichen Sie auch hier Ihre Antworten wieder mit einem Freund ab. Wenn Sie bei einer Frage zuerst unsicher sind, überspringen Sie diese und versuchen Sie es später nochmals.

Vata	Pitta	Kapha
• Sind Sie aktiv? ☐	• Können Sie streitsüchtig sein? ☐	• Ist Ihr Gedächtnis gut? ☐
• Essen Sie unregelmäßig? ☐	• Schlafen Sie im Schnitt 6–8 Stunden durch? ☐	• Sind Sie selbstgefällig? ☐
• Sind Sie oft besorgt? ☐	• Ist Ihr Gedächtnis gut? ☐	• Sind Sie gewöhnlich ruhig? ☐
• Ist Ihr Leben unregelmäßig? ☐	• Haben Sie viel zu tun, erledigen alles an einem Tag? ☐	• Sind Sie logisch und gefestigt? ☐
• Wird Ihr Schlaf unterbrochen? ☐	• Sind sie hitzig, wütend und werten Sie schnell? ☐	• Schlafen Sie tief und brauchen Sie viel Schlaf? ☐
• Sind Sie relativ ängstlich? ☐	• Sind Sie logisch und präzise? ☐	• Neigen Sie dazu, gierig oder besitzergreifend zu sein? ☐
• Sind Sie unsicher? ☐	• Sind Sie jähzornig? ☐	• Sind Sie schwer aus der Ruhe zu bringen? ☐
• Sind Sie rastlos und haben Sie ständig neue Ideen? ☐	• Sind Sie intellektuell? ☐	• Sind Sie wenig launisch? ☐
• Haben Sie ein gutes Kurzzeitgedächtnis? ☐	• Ändert sich Ihre Laune nur langsam? ☐	
• Leiden Sie leicht unter Stress? ☐		
• Sind Sie kreativ? ☐		
• Sind Sie launisch? ☐		

GESAMT	GESAMT	GESAMT

Geistige Kraft

*Ihr Konstitutionstyp bestimmt den
Zustand des Gedächtnisses, der
Gefühle, des Temperaments und
auch Ihrer Kreativität.*

Auswertung

Der Dosha-Typ, bei dem Sie die meisten Ja-Antworten haben,
ist Ihr vorherrschender Konstitutionstyp. Haben Sie bei zwei
Typen ähnlich viele Ja-Antworten, sind Sie vermutlich einer der
vier sekundären Konstitutionstypen (s. S. 46). Wenn Sie z. B.
30 Vata-Antworten, 10 Pitta-Antworten und 2 Kapha-Antworten
haben, wären Sie ein Vata-Typ. Haben Sie je 20 Vata- und
Pitta- Antworten sowie 4 Kapha-Antworten bejaht, wären Sie
ein Vata/Pitta-Typ.

Die geistige Konstitution

Erleuchtung
*Sattvic ist der reinste Zustand.
Um ihn zu erreichen, muss man
ein vorbildliches Leben führen.*

Neben den drei Hauptkonstitutionstypen des Körpers, den Doshas, hat auch der Geist seine eigene Konstitution. Er kann entweder *sattvic*, *rajasic*, *tamasic* oder eine Kombination aus allen dreien sein. Sattvic ist der höchste und reinste Zustand, bei dem der Geist im Gleichgewicht ruht. Er ist sehr selten, aber Ayurveda hat das Ziel, jeden näher an diesen Zustand heranzuführen. Durch Meditation und einen weisen, ethischen Lebensstil können wir dieses Ziel erreichen.

Die drei geistigen Konstitutionen
Ein Mensch, dessen Geist sattvic ist, zeichnet sich durch gute Essgewohnheiten und gesunden Schlaf aus. Er ist positiv, selbstbewusst sowie respektvoll und fühlt sich rundum wohl.

Am anderen Ende der Skala befindet sich ein Geist, dessen Konstitution tamasic ist. Er wird als gewöhnlich und ignorant angesehen. Tamasic-Menschen können negativ, fordernd und egoistisch sein und es fehlt ihnen der Antrieb. Sie haben schlechte Essgewohnheiten und fühlen sich unwohl.

Der Rajasic-Geist ist leidenschaftlich und oft wütend. Rajasic-Typen leiden unter Stimmungsschwankungen und neigen bei Aktivitäten, z. B. beim Essen, beim Umgang mit Alkohol, bei der Arbeit, beim Sex oder beim Sport, zum Übertreiben

Den Sattvic-Zustand erreichen
Wenn im Geist zu viel rajasic oder tamasic vorhanden ist, kann sattvic nicht erreicht werden. Ayurveda zielt daher darauf ab, Verstand, Körper und Geist

durch Entgiftung, durch die Regulierung
der Ernährung und des Lebensstils,
durch Meditation, durch Yoga und
durch andere Praktiken zu reinigen.
Die ayurvedischen Grundsätze können
Ihnen helfen, sich dem Zustand der
Erleuchtung zu nähern.

Ihre geistige Konstitution

Jeder von uns trägt alle drei Zustände in sich,
aber sie unterscheiden sich von Mensch zu
Mensch sehr und legen so den geistigen Zustand des Individuums (manasa prakrithi) fest.
Welcher Typ sind Sie? Sie brauchen hierbei
jemanden, der Ihnen bei der Bestimmung hilft,
denn es ist oft sehr schwierig, sich selbst
gegenüber komplett ehrlich zu sein.

• Im Allgemeinen ist ein Sattvic-Mensch nett,
wohlwollend, intelligent, gebildet, mutig, kühn
und ehrlich.

• Der Rajasic-Mensch ist normalerweise
ungeduldig, egoistisch, zappelig, launenhaft,
rücksichtslos, voller Wut und hat eine geringe
Selbstachtung. Mitunter ist er übertrieben
fröhlich. Er neigt zu einem ausschweifenden
Liebesleben und reist oft ziellos umher.

• Der Tamasic-Mensch ist häufig voller Sorge,
ignorant und nicht sehr intellektuell, wird
schnell entmutigt und sträubt sich gegen Veränderungen. Er ist schlecht gelaunt und lethar-
gisch, schläft zu viel und neigt zur Faulheit.

Das Universum formen
*Die Erde, ihre Bewohner und alle
Dinge im Universum werden durch
die fünf Elemente gebildet.*

DIE FÜNF ELEMENTE Äther (Raum), Luft, Feuer,

Wasser und Erde werden auch *Panchamahabhutas* genannt. Sie sind in jeder
Materie enthalten und alles im Universum ist aus ihnen zusammengesetzt. Der
Mensch hat fünf Sinnesorgane: Ohren, Haut, Augen, Zunge und Nase. Jedes
nimmt eine bestimmt Energieform wahr und absorbiert sie in den Körper.

Äther/Raum
Vata reguliert Äther/Luft.

Luft
Vata reguliert Luft.

Feuer
Pitta reguliert Feuer.

Übereinstimmungen
Die fünf Elemente werden als
Energien von den Sinnen
wahrgenommen. Jedes ent-
steht aus dem anderen und
alle fünf existieren in allen
Dingen. Im gesunden Körper
arbeiten sie in Harmonie. Ein
Ungleichgewicht bei einem
Element führt zu Störungen
bei den anderen.

Wasser
Pitta/Kapha regulieren Wasser.

Erde
Kapha reguliert Erde.

54

Luft
Ist z. B. mit den Muskeln, den Innenorganen, der Atmung und dem Tastsinn verbunden.

Feuer
Reguliert die Funktion von Enzymen, Intelligenz, Verdauung, Kreislauf und Sehkraft.

Wasser
Reguliert Plasma, Blut, Speichel, Verdauungssäfte, Zellplasma, Schleimhäute und Geschmack.

Äther/Raum
Bezieht sich auf Mund, Nase, Brustkorb, Unterleib, Atmungsorgane, Zellen und Geräusche.

Erde
Zeigt sich in Knochen, Nägeln, Zähnen, Muskeln, Knorpel, Sehnen, Haut, Haar und Nase.

Universelle Verbindung
Die fünf Elemente und die Sinne sind untrennbar miteinander verbunden.

Die sieben Stufen des Ungleichgewichts

Ungleichgewicht
Stress und die Störung unseres angeborenen Gleichgewichts führt zu Krankheiten.

Wenn unsere Energie ins Ungleichgewicht gerät, werden wir krank. Wie das geschehen kann, haben wir bereits erörtert, etwa z. B. durch Überarbeitung, Überbelastung unseres Körpers, unangemessener Nutzung der Sinne und durch ein Leben entgegen unserem natürlichen Rhythmus. All dies kann dazu führen, dass sich Krankheiten entwickeln und festsetzen. Menschliche

Wesen sind keine Maschinen. Körper, Geist und Seele müssen so gut wie möglich versorgt werden, um ein Optimum an Gesundheit und Wohlergehen zu gewährleisten. Wenn wir ständig auf dem Sprung sind, einen Job haben, den wir vielleicht nicht mögen, häufig Fastfood essen, Zigaretten rauchen und zu viel Alkohol trinken, wenn wir eine negative Einstellung haben oder gestresst sind, bringen wir alle Abläufe im Körper durcheinander. Das manifestiert sich in sieben Stufen:

1 Negative Einflüsse lassen ein oder mehrere Doshas anwachsen und bringen so die anderen durcheinander.

2 Halten die Einflüsse an, nimmt das Ungleichgewicht weiter zu.

3 Das Ungleichgewicht breitet sich im ganzen Körper aus. Dies nennt man Dispersion.

4 Das betroffene Dosha bewegt sich im Körper, setzt sich in den falschen Bereichen fest und führt zu einer Ansammlung von Abfallprodukten.

5 In den betroffenen Bereichen tauchen
die ersten leichten Symptome auf.
6 Diese können sich zu akuten Leiden
entwickeln, die plötzlich auftreten, aber
nicht lange andauern.
7 Werden die Ursachen – also die
äußeren Umstände – nicht „behandelt",
können die Krankheiten auch chronisch
werden.

Was tut Ayurveda?

Ayurveda versucht, das Problem bei der
vierten Stufe aufzuhalten, bevor es zur
Krankheit wird. Das Zauberwort hierbei
heißt „Vorbeugen". Werden äußere Einflüsse unter Kontrolle gehalten, kann es
nicht zum Ungleichgewicht kommen.
Ist die Behandlung erfolgreich, fühlen
Sie sich hinterher lebendig, gesund
und voller Energie.

Das Ziel von Ayurveda

Ayurveda ist das älteste ganzheitliche Gesund-
heitssystem. Es heilt nicht nur Krankheiten,
sondern fördert auch das Wohlergehen.

Regulierende Elemente

Die Elemente regulieren verschiedene Körperteile und ihre Funktionen. Jedes Ungleichgewicht weist auf ein Dosha hin.

DIE DOSHAS UND DER KÖRPER

Wenn wir krank werden, muss der ayurvedische Heiler herausfinden, welches Dosha (Energie) in den befallenen Körperteil eingedrungen ist. Obwohl man die Doshas nicht sieht, kann man ihren Einfluss überwachen. Zellen erscheinen verändert, je nachdem welches Dosha vorherrscht. Bestimmte Bereiche des Körpers sind anfälliger für bestimmte Doshas. So zeigt sich z. B. ein Überschuss an Vata oft an der Haut, am Nervensystem und im Darm, weil diese Bereiche mit der Vata-Energie in Verbindung stehen.

Vata-Überschuss

Am häufigsten ist der Dickdarm betroffen. Symptome eines Überschusses sind Blähungen, Verstopfung, Magen- und Rückenschmerzen, trockene Haut, emotionale Störungen, Arthritis und Kreislaufprobleme.

Pitta-Überschuss

Ein Pitta-Überschuss beeinträchtigt die Haut, den Stoffwechsel, den Dünndarm sowie Augen, Leber und Kopfhaare. Zu den Symptomen zählen Hautkrankheiten, Haarausfall, Durchfall und eine allgemein schlechte Ausscheidung

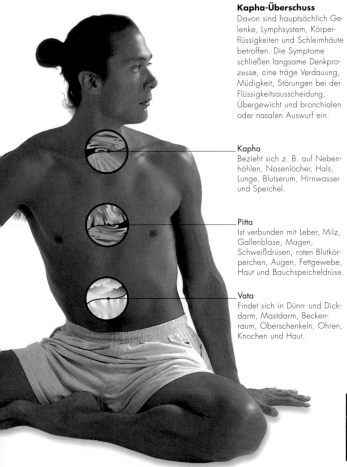

Kapha-Überschuss

Davon sind hauptsächlich Gelenke, Lymphsystem, Körperflüssigkeiten und Schleimhäute betroffen. Die Symptome schließen langsame Denkprozesse, eine träge Verdauung, Müdigkeit, Störungen bei der Flüssigkeitsausscheidung, Übergewicht und bronchialen oder nasalen Auswurf ein.

Kapha

Bezieht sich z. B. auf Nebenhöhlen, Nasenlöcher, Hals, Lunge, Blutserum, Hirnwasser und Speichel.

Pitta

Ist verbunden mit Leber, Milz, Gallenblase, Magen, Schweißdrüsen, roten Blutkörperchen, Augen, Fettgewebe, Haut und Bauchspeicheldrüse.

Vata

Findet sich in Dünn- und Dickdarm, Mastdarm, Beckenraum, Oberschenkeln, Ohren, Knochen und Haut.

Die Dhaatus

Ein Ungleichgewicht in den Doshas bewirkt auch ein Ungleichgewicht in den sieben Körpergeweben, den *Dhaatus*. Diese sind: Plasma *(Rasa)*, Blut *(Raktha)*, Muskeln *(Mamsa)*, Fett *(Madas)*, Knochen *(Asthi)*, Knochenmark und Nerven *(Majja)* sowie die Fortpflanzungsgewebe *(Shukra)*. Sie beziehen ihre Energie voneinander: Sobald ein Gewebe betroffen ist,

Der Kreis der Gesundheit
Alle Dhaatus unterstützen sich gegenseitig und sind voneinander abhängig..

Dhaatu	Gesund	Krank
RASA	Schimmernde Haut, Lebendigkeit, Freude und ein scharfer Verstand	Übelkeit, Schwäche, Depressionen
RAKTHA	Empfindsamkeit und gesunde Lippen, Nägel und Füße	Entzündete Gefäße, Abszesse, Gelbsucht, Blutungsstörungen, Ausschlag
MAMSA	Stärke und Stabilität	Lethargie und Angst
MADAS	Flexibilität, Ehrlichkeit und ausreichende Feuchtigkeit	Geringe Vitalität, Benommenheit, Übergewicht
ASTHI	Starke Knochen, Zähne, Nägel und Gelenke, ein optimistisches Naturell	Steife Gelenke, Haarausfall, schlechte Zähne
MAJJA	Starke Widerstandskraft und Freude	Knochen- und Gelenkschmerzen, Erschöpfung, Unbesonnenheit
SHUKRA	Sexuelles Verlangen, Fruchtbarkeit und Ausstrahlung	Sexsucht, Menstruationsstörungen, geringe Lebenskraft

leiden die anderen ebenfalls. Störungen bei der Plasmaproduktion vermindern z. B. die Qualität des Blutes, was wiederum die Arbeit des Muskelapparats beeinträchtigt.

Wie die Dhaatus arbeiten

Jedes Gewebe hat seine eigene Form des Stoffwechsels (Agni). Es erzeugt auch Nebenprodukte, die entweder vom Körper verwertet oder ausgeschieden werden. Die Menstruation z. B. ist ein Nebenprodukt des Rasa. Da die Gewebe zusätzlich von den Doshas „regiert" werden, kann eine starke Regelblutung das Ergebnis von übermäßigem Kapha im Plasma sein.

Die Dhaatus werden durch unser Essen sowie durch den Agni gebildet. Gerät eines der sieben Gewebe aus dem Gleichgewicht, werden wir krank.

Sind die Doshas im Gleichgewicht, funktionieren Verdauung und Stoffwechsel effizient. Sind sie es nicht, können die Vorgänge nicht ordentlich ablaufen. Eine Krankheit wird sich in einem der Gewebe festsetzen.

Safran
Das kostbare Gewürz füllt die Lebensenergie auf und wird beim Ayurveda verwendet.

OJAS – LEBENSENERGIE
Die sieben Dhaatus formen zusammen im Körper eine Energieform – das Ojas. Es ist die ultimative Lebensenergie und sitzt im Herz-Chakra (s. S. 91). Gemäß der alten ayurvedischen Weisheit befinden sich acht Tropfen Ojas im Herzen. Streng genommen hat es keine Form. Es durchdringt und belebt den gesamten Körper und Geist. Wird es genährt, so bringt es Leben, wird es zerstört, sterben wir. Wenn es in einem bestimmten Teil des Körpers geschwächt wird, breitet sich Krankheit aus, wird es wieder gestärkt, setzt der Heilungsprozess ein. Einige Heiler halten Ojas für die grundlegende Energie des Immunsystems.

Krankheitsursachen
Für viele Krankheiten finden westliche Mediziner keine Ursachen und können sie daher auch nicht behandeln. Ayurvedische Heiler glauben, dass diese Leiden das Ergebnis eines verringerten Ojas-Niveaus sind.

Ojas und Theja
Ojas, die ultimative Energie, wird in Theja verwandelt, dem persönlichen Energieniveau. Ist das Theja stark, hat der Mensch viel Lebenskraft und Ausdauer. Ein niedriges Theja-Niveau zeigt sich durch allgemeine Schwäche und Anfälligkeit für Krankheiten.

Ojas verbessern

Ojas entsteht durch regelmäßige Meditation und durch die Vermeidung einer Überstimulation der Sinne. Kräuter und Lebensmittel, die beim Auffüllen helfen, sind z. B. Milch, Safran, Ghee und Spargel. Wut, Unruhe, übermäßige Sorge, Hunger oder unzureichende Ruhepausen vermindern Ojas. Mit zunehmendem Alter nimmt es ohnehin ab.

Vernünftig trinken
Kaffee und Alkohol verringern Ojas, führen zu einem Ungleichgewicht und zu Krankheiten.

Gute Lebensmittel
Bestimmte Speisen wie Spargel, Milch und Ghee nähren das Ojas.

Mehr Lebensenergie
Meditative Handlungen wie ruhiges Sitzen oder Yoga fördern das Ojas im Körper.

Die Malas

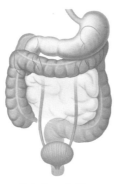

Gute Ausscheidung
*Die effiziente Produktion und
Ausscheidung der Malas sind
für die Gesundheit sehr wichtig.*

D ie Malas sind die Ausscheidungen des Körpers: Schweiß, Urin und Fäkalien. Sie erfüllen mehrere Funktionen und sind wichtig für die Gesundheit. Das Schwitzen z. B. reinigt und reguliert die Körpertemperatur. Urin befördert Gifte aus dem Körper (die Urinanalyse hilft bei der Diagnose) und die ständige Ausscheidung von Fäkalien ist entscheidend, um den Muskeltonus aufrecht zu erhalten.

Die Gesundheit erhalten

Beim Ayurveda ist die Ausscheidung von Abfallprodukten ein wichtiger Bestandteil zur Erhaltung der Gesundheit. Die Malas verlassen den Körper auf drei Wegen. Alle drei spielen eine wichtige Rolle:

Der Harntrakt (sondert Urin oder *Mootra* ab) scheidet Abfall durch Nieren und Blase aus. Dies hilft dabei, das Elektrolytsystem ausgeglichen zu halten und den Blutdruck zu regulieren. Eine ineffiziente Urinausscheidung kann zu Ödemen im Bauch, Brennen beim Wasserlassen sowie zu Entzündungen und Infekten von Blase und Nieren führen.

Das Verdauungssystem (das Fäkalien, auch *Shakrit* oder *Pureesha* genannt, ausscheidet) beginnt am oberen Ende des Dickdarms und endet im After. Es ist u. a. für die Aufnahme von Mineralien aus dem Mastdarm verantwortlich. Das Element Erde wandelt Nahrungsreste so um, dass sie vom Mastdarm wieder ausgeschieden werden können. Dieser Vorgang wird von der Vata-Energie kontrolliert. Sobald Abfälle nicht ausge-

schieden werden, erfolgt eine Wieder-
aufnahme in den Körper, wo sie etwa
Bronchitis, Kopfschmerzen, Asthma,
Akne, Arthrose, Rückenschmerzen und
schlechten Atem hervorrufen können.

Der Schweiß *(Sweda)* wird über die
Schweißdrüsen abgesondert. Durch
Schwitzen reguliert sich der Wasser-
haushalt des Körpers. Die Absonderung
von flüssigen Abfallstoffen und die
Körpertemperatur werden kontrolliert
und die Feuchtigkeit der Haut wird
erhalten. Die Unfähigkeit zu schwitzen
führt zu trockener, brennender Haut. Ein
wichtiger Entgiftungsvorgang kann dann
nicht stattfinden. Die ayurvedische
Therapie wendet Schwitzkuren zur
Entgiftung und zur Linderung vieler
Gesundheitsstörungen an.

Ama

Ein weiteres Abfallprodukt – eine Ansammlung
giftiger Chemikalien – heißt Ama. Es entsteht
aufgrund einer schlechten Ernährung, einer
schwachen Entgiftung und Ausscheidung
sowie durch die Aufnahme von Giftstoffen.
Der Körper kann Ama nicht absondern.
Sammelt es sich an, führt es zu Krankheiten.

DAS AYURVEDISCHE
SYSTEM

Zur Erhaltung unserer körperlichen Gesundheit muss das natürliche Gleichgewicht *Prakruthi* zwischen den Doshas erreicht werden. Ein gesunder Verstand
sorgt für Ihr individuelles Dosha-Gleichgewicht und gute spirituelle Gesundheit
erhält das Gleichgewicht zwischen Sattva, Rajas und Tamasin aufrecht. ◠
Das System von Ayurveda zeigt, wie die Zusammenarbeit von Körper, Verstand und Geist für ein harmonisches Leben vorhergesagt, ausgeglichen und
verbessert werden kann.

Ayurvedische Therapien

Natürliche Therapie
*Ayurvedische Heilmittel und
Behandlungen basieren auf
frischen, natürlichen Inhaltsstoffen.*

Beim Ayurveda bietet der Heiler hauptsächlich vier Behandlungsmethoden an: Panchakarma, Heilmittel, eine Ernährungsumstellung und die Änderung des Lebensstils. Sie erlernen zudem eine oder mehrere weitere ayurvedische Therapieformen.

Panchakarma

Dieses innere Entgiftungsprogramm (s. S. 72–75) zielt darauf ab, Körper und Geist zu reinigen. Voraus geht meist *Purvakarma*, eine Reinigungsform mit Schwitzkuren und Massagen (s. S. 70–71). Diese Therapie wird beim Ayurveda häufig eingesetzt.

Massage und Öle

Die Heiler sind in mehreren Massagetechniken ausgebildet. Eine tägliche Selbstmassage ist ebenfalls wichtig (s. S. 82–85). Es wird sowohl die Trocken- als auch die Ölmassage angewendet, je nach den Symptomen. Die Pflanzenöle wirken dabei auf physische, mentale und emotionale Vorgänge. Sie werden u. a. als Einläufe verabreicht oder zur Massage benutzt.

Die Marma-Therapie

Über den ganzen Körper sind Punkte verteilt, durch die *Prana* (Lebensenergie, s. S. 81) fließt. Die Marma-Therapie arbeitet mit diesen Punkten, sollte aber nur von erfahrenen Heilern praktiziert werden (s. S. 86–89).

Die Kräuterkunde

Die Kräutertherapie *Samana* beinhaltet die Nutzung sowohl der Heilkräfte als auch der Energie der Pflanzen zur Heilung von Krankheiten und dem Ausgleich der Doshas. Es gibt diverse Behandlungsformen (s. S. 94–101).

Die Verjüngungstherapie

Diese *Rasayana*-Therapie fördert das Gedächtnis und stärkt das Immunsystem. Sie verbessert außerdem den Allgemeinzustand (s. S. 102–105).

Die Übungen

Saisonale Übungen *(Ritucharya)* und tägliche Übungen *(Dinacharya)* sind sehr wichtig und sollten unbedingt durchgeführt werden (s. S.132–141).

Die Ernährung

Ernährung und Verdauung spielen eine sehr wichtige Rolle. Jedes Dosha hat andere Ernährungsgewohnheiten (s. S. 150–189).

Geistige Heilung

Ayurveda zielt auf den Körper, den Geist und den Verstand gleichermaßen ab. Es umfasst Methoden wie Yoga, Meditation und Mantras.

Massage
Die ayurvedische Massage mit
therapeutischen Ölen ist Teil
der Purvakarma-Kur.

PURVAKARMA

Panchakarma ist die wichtigste Entgiftungsbehandlung (s. S. 72–75). Die Purvakarma-Kur bereitet den Körper auf diese Behandlung vor. Diese Reinigungstherapie wird fast immer zuerst empfohlen. Purvakarma besteht aus zwei Bereichen – der Ölmassage *(Snehana Karma)* und der Schwitzkur *(Swedana Karma)*. Weil die Massage den Entgiftungsprozess unterstützt, ist sie ein wichtiger Bestandteil von Ayurveda.

Snehana

Bei dieser Technik werden Kräuteröle in die Haut massiert, um die Giftausscheidung zu fördern. Bestimmte Ölmischungen werden zur Behandlung von Störungen wie Stress, Unruhe, Schlaflosigkeit, Arthritis oder Kreislaufproblemen angewendet. Öle können auch zur Linderung von Schlaflosigkeit, Depressionen und Gedächtnisstörungen in die Kopfhaut massiert werden. Ein Ölbad, zu dem manchmal beim Snedana geraten wird, fördert die Absorbierung der Eigenschaften des Öls.

Swedana

Die Schwitzkur wird manchmal in Verbindung mit der Ölmassage angewendet, jedoch nie am gleichen Tag. Durch Dampfbäder wird die Absonderung von Giftstoffen über die Poren gefördert. In Kombination mit der Ölmassage wird die Entgiftung so wirksam angeregt. Es sind meist mehrere Dampfbäder nötig.

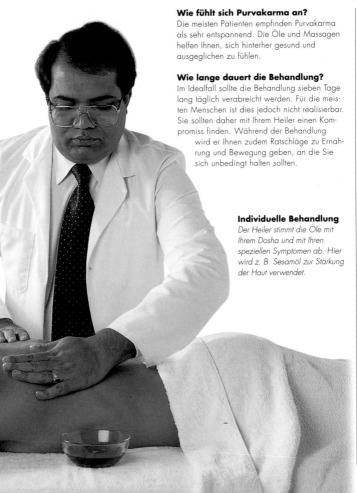

Wie fühlt sich Purvakarma an?

Die meisten Patienten empfinden Purvakarma als sehr entspannend. Die Öle und Massagen helfen Ihnen, sich hinterher gesund und ausgeglichen zu fühlen.

Wie lange dauert die Behandlung?

Im Idealfall sollte die Behandlung sieben Tage lang täglich verabreicht werden. Für die meisten Menschen ist dies jedoch nicht realisierbar. Sie sollten daher mit Ihrem Heiler einen Kompromiss finden. Während der Behandlung wird er Ihnen zudem Ratschläge zu Ernährung und Bewegung geben, an die Sie sich unbedingt halten sollten.

Individuelle Behandlung

Der Heiler stimmt die Öle mit Ihrem Dosha und mit Ihren speziellen Symptomen ab. Hier wird z. B. Sesamöl zur Stärkung der Haut verwendet.

Die fünf Therapien des Panchakarma

Heilen mit Gewürzen
Viele Gewürze wie Ingwer und Kurkuma kommen bei der Entgiftung zum Einsatz.

Purvakarma bereitet den Körper auf die eigentliche Entgiftung vor. Diese besteht eigentlich aus fünf Therapien, aber meist werden nur eine oder zwei Behandlungsarten ausgewählt.

Virechana

Diese Behandlung entfernt überschüssiges Pitta-Dosha aus dem Dünndarm. Dazu werden entsprechende Substanzen und/oder ein mildes Abführmittel eingenommen. Das Pitta wird entfernt und Blut, Leber, Milz, Dünndarm und die Schweißdrüsen werden gereinigt. An Kräutern kommen z. B. Aloe Vera und Löwenzahn zum Einsatz.

Basti

Medizinische Öl- und Kräutereinläufe, Spülungen und Augenwaschungen werden zur Beseitigung des Vata-Überschusses angewendet, können aber auch bei Pitta- oder Kapha-Störungen helfen. Vata sitzt im Dickdarm, im Mastdarm und in den Knochen. Es reguliert die Ausscheidung von Abfallstoffen. Basti kann Verstopfung, Schmerzen im unteren Rücken, Arthritis, Kopfschmerzen, Viren und anderes behandeln.

Raktamokshana

Diese Therapie beinhaltet eine geringe Blutabnahme und dient dazu, Giftstoffe und einen Pitta-Überschuss aus Blut, Lymphe und Gewebe zu entfernen. Sie wird heute nur noch selten angewendet. Stattdessen können auch blutreinigende

Kräuter wie Wiesenampfer, Kletten-
Labkraut und Kurkuma eingenommen
werden. Die Therapie wirkt z. B. gut
bei Ausschlägen, Akne, Fieber, Gicht
und Gelbsucht.

Vamana

Das therapeutische Erbrechen kann bei
Atemwegserkrankungen helfen, wird
aber auch nur noch selten angewendet.

Nasya

Heilmittel werden durch die Nase
eingegeben, um Kapha-Störungen
der Ohren, Augen und Nase sowie
Migräne und Neuralgien zu behandeln.
Es werden z. B. Ingwerpulver, Sesamöl,
Milch und Ghee verwendet. Eine
Therapie während der Schwangerschaft
oder Menstruation ist nicht ratsam.

Nasya

Wird Nasya richtig angewendet, hat es eine
stimulierende Wirkung auf die Nasenschleim-
haut. Der Patient fühlt sich „angeheitert".

Öffnung der Poren
Ein Dampfbad zur Öffnung der Poren dient als Vorbereitung auf die Panchakarma-Kur.

KÖRPERREINIGUNG

Das Wort *Panchakarma* bedeutet „die fünf Handlungen" und bezieht sich auf die Reinigungstherapien, welche die natürliche Reinigungsfunktion des Körpers anregen. Sie können auch überschüssige Dosha-Energie entfernen und die Doshas allgemein kontrollieren, damit Probleme gar nicht erst entstehen. Es wird empfohlen, sich zu Beginn jeder Jahreszeit einer solchen Therapie zu unterziehen, um angesammelte überschüssige Energie zu entfernen.

Shodana
Panchakarma und Purvakarma bilden zusammen *Shodana*, die Reinigungstherapien. Sie sind die Eckpfeiler der ayurvedischen Behandlung. Mit Purvakarma sollen „umherirrende" Doshas aus dem Gewebe, in dem sie sich festgesetzt haben, vertrieben werden, damit sie zu ihrem natürlichen Sitz zurückkehren können. Von dort werden sie mit Panchakarma entfernt.

Innerliche Ölung
Vor der Panchakarma-Kur sollte man reichlich Ghee (Butterreinfett) und anderes trinken.

Entgiftung

Bestimmte Lebensmittel sind für ihre entgiftende Wirkung bekannt, welche die Doshas im Gleichgewicht hält.

Vorbereitung

Purvakarma beinhaltet innerliche und äußerliche Ölbehandlungen. Bei den innerlichen wird die tägliche Menge Ghee im Laufe einiger Tage ständig erhöht. Die äußerlichen finden als Massagen statt, bei denen entsprechende Öle angewendet werden (s. S. 80–81). Die Ölungen bringen die Dosha-Energien in den Kreislauf.

KLETTENLABKRAUT

KURKUMA

LAKRITZE

INGWER   SESAMÖL

RHARBARBER

GHEE

SENNESBLÄTTER

Kräuterdampfbad

Ein Dampfbad mit Kräutern hilft ebenfalls bei dieser Aufgabe, indem es die Poren öffnet, das Ama (Gift) verflüssigt und es so von den Geweben in den Kreislauf transportiert. Hat man dies erreicht, ist der Körper bereit für die Panchakarma-Kur, den eigentlichen Reinigungsvorgang.

Fünf Schritte

Rhabarber, Sennesblätter und Ghee gehören zu den natürlichen Stoffen, mit denen man überschüssiges Dosha aus dem Körper entfernen kann.

Ayurvedische Ölmassage

Öl für alle
*Die Ölmassage ist ein wichtiger
Teil der Behandlung und kann
auch daheim ausgeführt werden.*

Ayurvedische Ölmassagen sind
inzwischen auch bei uns sehr
populär geworden. Diverse
Arten von Kräuterölen werden benutzt,
um alle möglichen Leiden von Schlaflo-
sigkeit bis zu Lähmungen zu behandeln.
Die Massagen sollen außerdem das
Altern verlangsamen. Es gibt vier
Massagearten: *Abhyanga*, *Pizzichil*,
Chavutti Thirumal und *Dhara*.

Abhyanga

Diese Ganzkörpermassage wird mit
verschiedenen Ölsorten ausgeführt, je
nach Zustand von Körper und Geist.

Sie besteht aus einer Kombination von
Techniken wie Kneten, Klopfen, Reiben,
sanftem Berühren, Schütteln, Bewegen
und Drücken. Die Abhyanga-Massage
wird vor einem Dampfbad verabreicht.
Durch sie werden zum einen Erschöpfung, Schmerzen und muskulo-skeletale
Probleme, zum anderen aber auch
geistiger Stress gelindert. Sie wirkt sich
positiv auf das Allgemeinbefinden aus.

Pizzichil

Von einem in Öl getauchten Tuch wird
ständig Öl auf den Körper getropft.
Hierfür sind vier Masseure notwendig:
zwei, um das Öl aus den Tüchern zu
wringen, und zwei, um die eigentliche
Massage auszuführen. Pizzichil wird
z. B. bei Lähmungen, Multipler Sklerose
und Rheuma empfohlen.

Chavutti Thirumal

Bei dieser speziellen Massage hängt
ein Masseur an Haken von der Decke
und massiert mit seinen Fußsohlen,
während andere Masseure Öl über
den Patienten gießen. Sie kommt bei

Muskelschmerzen, dem Chronischen Erschöpfungssyndrom und anderen nervösen Störungen zur Anwendung.

Dhara

Bei dieser Behandlung fließen verschiedene Flüssigkeiten, z. B. Öl, Buttermilch, Kuhmilch, Kokosmilch oder Kräuteressenzen über den Körper. Sie wird bei psychosomatischen Störungen empfohlen.

Vorteile der Massage

Regelmäßige Massagen helfen bei der

- Stärkung der Nerven und des Kreislaufs
- Regulierung des Verdauungssystems
- Stärkung von Muskeln, Knochen und Blutgefäßen
- Verlangsamung des Alterns
- Verhinderung von Erschöpfung
- Verbesserung der Sehkraft
- Verbesserung des Schlafes
- Stärkung der Haut
- Verbesserung des Teints
- Stärkung der Widerstandskraft

Sanfte Berührung

*Eine Massage mit Handschuhen
aus Rohseide regt Kreislauf und
Stoffwechsel an.*

MASSAGE
Massage ist eine der besten Methoden zur Anregung des Energieflusses im Körper und zur Förderung der Ausscheidung von Giftstoffen. Regelmäßige Anwendungen werden daher empfohlen. Die Massage der Haut stimuliert den Blutkreislauf und fördert den Transport von Lymphe, was zu einer schnelleren Absonderung von Ama führt. Außerdem nährt das Einmassieren von Pflanzenölen in die Haut den gesamten Körper.

Trockenmassage

Die Trockenmassage ist vor allem für Bindegewebe, Kreislauf und Stoffwechsel anregend und wird daher besonders bei der Behandlung von Übergewicht empfohlen. Auch bei der Erholung von schweren Erkrankungen oder medizinischen Behandlungen ist sie förderlich. Verwenden Sie zur Trockenmassage Handschuhe aus Rohseide. Diese erhalten Sie in der Apotheke oder im ayurvedischen Fachhandel. Massieren Sie sich vier bis fünf Minuten (niemals länger), am besten am frühen Morgen. Nehmen Sie danach ein heißes Bad, um die Ausscheidung von Abfallprodukten und Giften zu beschleunigen.

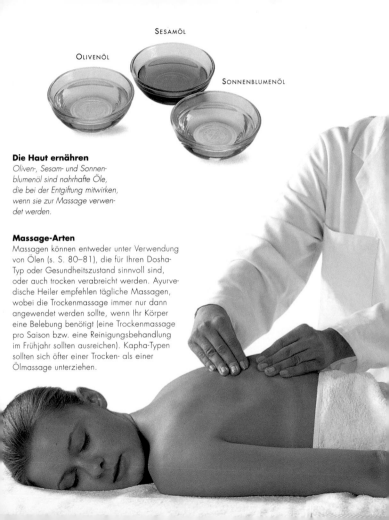

SESAMÖL

OLIVENÖL

SONNENBLUMENÖL

Die Haut ernähren

Oliven-, Sesam- und Sonnen-
blumenöl sind nahrhafte Öle,
die bei der Entgiftung mitwirken,
wenn sie zur Massage verwen-
det werden.

Massage-Arten

Massagen können entweder unter Verwendung
von Ölen (s. S. 80–81), die für Ihren Dosha-
Typ oder Gesundheitszustand sinnvoll sind,
oder auch trocken verabreicht werden. Ayurvedische Heiler empfehlen tägliche Massagen,
wobei die Trockenmassage immer nur dann
angewendet werden sollte, wenn Ihr Körper
eine Belebung benötigt (eine Trockenmassage
pro Saison bzw. eine Reinigungsbehandlung
im Frühjahr sollten ausreichen). Kapha-Typen
sollten sich öfter einer Trocken- als einer
Ölmassage unterziehen.

Selbstmassage

Selbstmassage
*Je nach Ihrem Dosha-Typ sollten
Sie sich mehr oder weniger
häufig selbst massieren.*

Für fast alle Dosha-Typen wird eine regelmäßige Ölmassage empfohlen. Vata-Typen sollten eine tägliche Selbstmassage in ihren Tagesablauf einbauen, während für Kapha- und Pitta-Typen zwei bis drei Massagen pro Woche ausreichen. Nach der Massage sollten die Öle 15–35 Minuten auf der Haut verbleiben. Danach wird für weitere 20–40 Minuten ein heißes Bad bzw. ein Kräuterdampfbad empfohlen. Sinn und Zweck ist nicht nur, das restliche Öl zu entfernen, sondern das Schwitzen ist auch ein wichtiger Bestandteil des Entgiftungsvorgangs. Ein großer Teil der Abfallstoffe kann durch die Haut abgesondert werden. Das Schwitzen hält die Poren offen und macht die Haut weich.T

Welche Ölsorten?

Für die einzelnen Dosha-Typen werden unterschiedliche Ölsorten empfohlen. Das beste Öl für Vata-Typen ist z. B. kaltgepresstes Sesamöl, das die Haut stärkt und sie widerstandsfähig gegen Pilzinfektionen und die schädlichen Einflüsse der Sonne macht. Falls es Ihre Haut reizt, versuchen Sie es mit Oliven- oder Mandelöl bzw. Ghee. Erhitzen Sie das Öl immer auf Körpertemperatur. Im Prinzip können viele Ölsorten verwendet werden, aber die folgenden sind eine gute Wahl für Ihre tägliche Massage:
Vata-Typen sollten beruhigende Öle wie Sesam-, Oliven-, Mandel-, Weizenkeim- oder Rizinusöl wählen.
Pitta-Typen verwenden kühlende Öle wie Kokosnuss-, Sandelholz-, Kürbis-kern-, Mandel- oder Sonnenblumenöl.

Kapha-Typen werden brennende Sorten wie Senf-, Mais- und Färberdistelöl empfohlen.

Energie fördern

Viele von uns haben eine schlechte Körperhaltung, was den Fluss des Prana (Lebensenergie) behindert. Eine Ganzkörpermassage stellt sicher, dass die Marma-Punkte, durch die das Prana fließt, angeregt werden (s. S. 86–89). Legen Sie sich vor der Massage ein paar Minuten hin und atmen Sie ruhig, um sich zu entspannen.

Ruhen Sie sich nach der Massage ebenfalls eine Weile aus. Vermeiden Sie Anregungsmittel wie Koffein. Treiben Sie keinen Sport und setzten Sie sich nicht großer Kälte aus. Sie befinden sich in einem friedlichen Zustand, den Sie sicherlich nicht gleich wieder zerstören wollen.

Nach der Massage

Denken Sie daran, dass Öl sehr glitschig ist, also passen Sie im Bad gut auf! Baumwollsocken schützen den Teppich.

Natürliche Öle
*Wählen Sie zur Massage nur
natürliche Öle. Diese fördern
die Gesundheit Ihrer Haut.*

10 MINUTEN SELBSTMASSAGE

Die Ganzkörpermassage heißt *Abhyanga.* Neben den therapeutischen Vorteilen (s. S. 77) versorgt sie den Körper zudem mit Nährstoffen und Vitalität. Es ist recht einfach, sich selbst zu massieren. 10–15 Minuten sind für eine kurze Behandlung ausreichend. Der Energiefluss im Körper wird angeregt und Sie werden in einen ausgeglichenen, belebten Zustand versetzt. Das Niveau der Giftstoffe bleibt niedrig, die allgemeine Gesundheit wird gefördert.

Vorbereitungen
Setzen Sie sich auf ein warmes Handtuch, das auf einem Hocker oder dem Boden liegt. Das Bad muss warm und vor Zugluft geschützt sein. Tragen Sie das warme Öl auf den ganzen Körper auf und warten Sie ein paar Minuten, bevor Sie mit der Massage beginnen.

Reihenfolge
1 *Massieren Sie in sanften, kreisenden Bewegungen, ergänzt durch Auf- und Abwärts-streichen mit dem Handballen. Wiederholen Sie dies dreimal, während sie das Öl in die Haut einarbeiten.*

2 Arbeiten Sie sich langsam an Ihrem Körper nach unten. Beginnen Sie auf dem Scheitel und beenden Sie die Massage an den Füßen.

3 An den Füßen befinden sich wichtige Reflexzonen, die sorgfältig, aber vorsichtig massiert werden sollten. Benutzen Sie dazu den Daumen und machen Sie kleine, kreisende Bewegungen. Massieren Sie jeden Zeh einzeln. Die Massage sollte 10 Minuten dauern – wenn Sie mögen, auch etwas länger.

Machen Sie mit Ihren Fingern Kreise auf der Haut.

Ein Handtuch hält Sie warm, während Sie an Kopf, Armen und Beinen arbeiten.

Massagetechnik

Einfache Heilung
Sanfte Massagen und beruhigende Öle fördern auf natürliche Weise das Wohlergehen.

Von einer Selbstmassage profitiert der gesamte Körper. Daher ist es wichtig, sich jedem Bereich sorgfältig zu widmen. Falls Sie schon älter sind oder unter Kreislaufproblemen leiden, sollten Sie vorher mit Ihrem Arzt sprechen. Während der ersten drei Tage der Menstruation sollte eine Massage vermieden werden. Bei einer Schwangerschaft kann die Selbstmassage ohne weiteres durchgeführt werden, Sie sollten jedoch die Öle mit Bedacht wählen. Näheres erfahren Sie z. B. aus Büchern über Aromatherapie. Warmes Öl ist viel angenehmer als kaltes.

Vorgehensweise

Führen Sie die Vorbereitungen auf S. 82 sorgfältig durch. Benutzen Sie Ihre Fingerspitzen zur Massage der Kopfhaut, als würden Sie sich die Haare waschen. Arbeiten Sie sich vom Haaransatz über die Seiten zum Hals vor. Massieren Sie die Ränder der Ohren und die Ohrläppchen. Von dort massieren Sie weiter zur Stirn. Ihre Finger sollten dabei zu den Schläfen zeigen. Massieren Sie die Schläfen mit kleinen, kreisenden Bewegungen.

Massieren Sie Wangen, Nase und Kinn. Arbeiten Sie sich jetzt zu Hals und Nacken vor. Legen Sie je eine Hand auf die Schulterblätter und streichen Sie in Richtung Haaransatz.

Massieren Sie erst den rechten, dann den linken Arm. Streichen Sie fest von oben nach unten und kreisen Sie um die Gelenke. Streichen Sie über jeden Finger einzeln in Richtung Nagel.

Massieren Sie Ihre Brust mit sanften, kreisförmigen Bewegungen. Frauen sollten um die Brüste herummassieren und und dabei auf- und abwärts über das Brustbein streichen. Streichen Sie im Uhrzeigersinn über den Bauch. Massieren Sie in größer werdenden Kreisen mit wenig Druck. Für den nächsten Abschnitt stehen Sie auf. Massieren Sie den Rücken und den Po mit den Handflächen. Streichen Sie auf und ab. Seien Sie an den Genitalien sehr vorsichtig und widmen Sie der Stelle zwischen Perineum und After besondere Aufmerksamkeit.

Massieren Sie die Beine genau wie die Arme.

Wenn Sie die Füße erreicht haben, beginnen Sie an den Zehenspitzen und arbeiten sich zum Knöchel hoch. Wiederholen Sie dies in entgegengesetzter Richtung. Benutzen Sie die Daumen, um die Fußsohlen spiralförmig von den Hacken zu den Zehen zu massieren. Drücken Sie jeden Zeh einzeln und beachten Sie auch die Zwischenräume.

Vorsicht

Wenn Sie unter Problemen mit der Haut, dem Kreislauf oder dem Immunsystem leiden, sollten Sie erst einen Arzt konsultieren.

MARMA-PUNKTE hängen mit

den Doshas zusammen und werden dazu benutzt,
Krankheitssymptome zu lindern. Grün steht hier für
Vata, Orange für Pitta und Lila für Kapha.

Hintere Marma-Punkte

Arme, z. B.
1 Handgelenksverletzungen, Entzündungen, steife Finger
3 Handgelenksverletzungen, Entzündungen, steife Finger
5 Handgelenksverletzungen, mentale Probleme
7 steifer Ellbogen, Leber- und Milzbeschwerden

Beine, z. B.
2 Fußschmerzen, Beinverletzungen
3 Knöchelverletzungen, Schwellungen, Arthritis
6 Wadenkrämpfe, Krampfadern

Rücken, z. B.
1 Hämorrhoiden, Mastdarmvorfall, Verstopfung
2 Arthritis in der Hüfte, Hüftverletzungen
3 Ischias, Beinschmerzen oder Krämpfe, Arthritis in der Hüfte
4 lumbale Rückenschmerzen, Ischias, Fortpflanzungsorgane
5 Schmerzen im unteren Rücken, steifer Rücken
6 Kreislaufprobleme, Schulter- und Nackenschmerzen
7 steifer Hals, Nackenverletzungen, Kopfschmerzen
8 Schulterschmerzen, Verletzungen
9 Lähmung, Taubheit, Schwäche in den Händen
11 Schulter- u. Nackenschmerzen, taube Hände, steife Finger

Kopf und Nacken, z. B.
4 steifer Hals, Kopfschmerzen, Nackenverletzungen
5 Schwindel, Taubheit, Entzündungen im Ohr
12 Kopfschmerzen, Krämpfe, Epilepsie
14 Kopfschmerzen, Migräne, Gedächtnisschwund

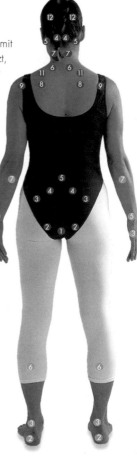

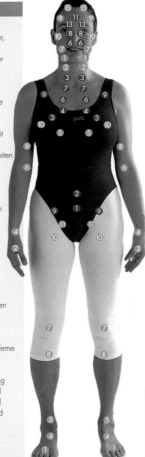

Vordere Marma-Punkte

Arme, z. B.

2 Handgelenksverletzungen, Entzündungen, steife Finger, Herzbeschwerden
4 Handgelenksverletzungen, Entzündungen, steife Finger
6 Tennisarm, steifer Ellbogen
8 Krämpfe im Oberarm
9 Durchblutungsstörungen in der Hand, Muskelkrämpfe
10 Durchblutungsstörungen in der Hand, Muskelkrämpfe

Beine, z. B.

1 Durchblutungsstörungen in Beinen und Füßen, Taubheit
4 Knöchel- und Fußverletzungen, Arthritis, Ödeme
5 Knöchelprobleme, Arthritis, Fortpflanzungsschwierigkeiten
7 Knieverletzungen, Arthritis, Ödeme
8 Wadenkrämpfe
9 Krämpfe und Schmerzen im Oberschenkel
10 schlechte Durchblutung in den Beinen, Beinkrämpfe
11 Unfruchtbarkeit, Verstopfung, Menstruationsstörungen

Leib, z. B.

1 Prostatabeschwerden, Blasenentzündung
2 Verstopfung, Durchfall, Koliken, Magenverstimmung
3 Herzkrankheiten, Blutdruck- und Kreislaufprobleme
4 Brustdrüsenentzündung, empfindliche Brüste
5 Brustdrüsenentzündung, geschwollene Brüste
6 Schulterkrämpfe, Verletzungen, Atemschwierigkeiten
7 Bronchitis, Asthma, Atemschwierigkeiten, Panikattacken

Kopf und Nacken, z. B.

1 Kopfschmerzen, Sprachprobleme, Lähmung
2 Stottern, Lähmung, Halsschmerzen, Schilddrüsenprobleme
3 steifer Hals, Sprachstörungen, Halsentzündungen
6 Verlust des Geruchsinns, Katarrh, Nasenpolypen
7 Trigeminusneuralgie, Kopfschmerzen, Gesichtslähmung
8 Migräne, Schwindel, Hörverlust, Gedächtnisschwund
9 Migräne, Schwindel, Hörverlust, Gedächtnisschwund
10 Migräne, Schwindel, Hörverlust, Gedächtnisschwund
11 Verlust des Geruchsinns, Katarrh
13 Sinusitis, frontaler Kopfschmerz
15 Angstzustände, Depressionen

Die Marmas

Fließende Energie
Die Stimulation der Marma-Punkte wirkt sich auf die Chakras aus und lässt Energie frei durch den Körper fließen.

Um gesund zu bleiben, muss unsere natürliche Lebensenergie frei durch die Kanäle in unserem Körper fließen können. Diese Energie heißt *Prana* und kann blockiert werden oder stocken, wenn wir uns verletzen, eine dauerhaft schlechte Körperhaltung haben, einen seelischen Schock erleiden oder wenn wir eine Krankheit haben, die das Fließen des Prana beeinträchtigt.

Was sind Marma-Punkte?

Marma-Punkte sind Stellen, an denen Fleisch, Venen, Arterien, Sehnen und Knochen zusammentreffen. Man kann sie als Kreuzungen ansehen, an denen sich Vata, Pitta und Kapha, Sattiva, Rajas und Tamasic oder sogar die Ewigkeit und die Relativität treffen. Sie haben eine wichtige Bedeutung für Körper, Geist und Seele eines Menschen.

Ayurveda kennt große und kleine Marma-Punkte. Große entsprechen den Chakras (s. S. 93) und kleine befinden sich auf Oberkörper, Gliedmaßen und im Bereich des Kopfs. Da sie Knotenpunkte sind, in denen die Lebensenergie sitzt, sind sie sehr empfindlich. *Mamsa-Marmas* sind verletzliche Muskeln, *Sira-Marmas* sind verletzliche Venen, *Asthi-Marmas* sind verletzliche Stellen an den Knochen und *Sandhi-Marmas* verletzliche Stellen an den Gelenken. Es gibt 107 Knotenpunkte, von denen 12 – inklusive Kopf, Herz und Blase – sehr wichtig sind. Werden sie verletzt, nimmt der Körper schweren Schaden, der bis zum Tod führen kann.

Deshalb sollte die Marma-Therapie nur von sehr erfahrenen Heilern durchgeführt werden (s. unten).

Nutzung der Marma-Punkte

Die Marma-Therapie, bei der Druck mit oder ohne Nadeln auf die Marma-Punkte ausgeübt wird, beeinflusst den Körper, die Chakras und die Doshas. Das Ziel ist, sämtliche Organe im Körper anzuregen. Marma-Punkte sind denen der chinesischen Akkupunktur sehr ähnlich, aber sie sind größer und einfacher zu finden.

Marma wird in der historischen *Sushrut Samhita* eingehend beschrieben. Vermutlich entwickelte sich daraus die chinesische Akkupunktur, als die Schrift China erreichte.

Vorsicht

Diese Therapie sollte nur von einem hervorragend ausgebildeten Heiler mit mehrjähriger praktischer Erfahrung bei einem Marma-Lehrer durchgeführt werden. Sie kann Krankheiten wirkungsvoll behandeln, bei falscher Anwendung kann diese Therapie aber sehr schädlich, ja sogar tödlich sein.

Spirituelle Energie
*Die Arbeit an den Chakras
erfordert die Unterstützung
eines spirituellen Meisters.*

DIE CHAKRAS
Chakras sind Energiezentren, die sich
parallel zum Rückgrat auf einer Linie in der Mitte des Körpers befinden.
Es gibt sieben Chakras. Sie sind mit den großen Marma-Punkten
(s. S. 86–89) verbunden, die ihre Energie aus ihnen beziehen. Die
sieben Chakras beeinflussen die physische Existenz, die Phy-
siologie, die Gefühle und die spirituelle Entwicklung.

Was sind Chakras?
Stellen Sie sich die Chakras
als Lotusblumen vor, die einen
Kanal vom Ende des Rück-
grats bis kurz über den Kopf
bilden. Die Energie *Kundalini*
fließt vom niedrigsten zum
höchsten Chakra, während
wir uns in Richtung Spiritualität und Erleuchtung
bewegen.

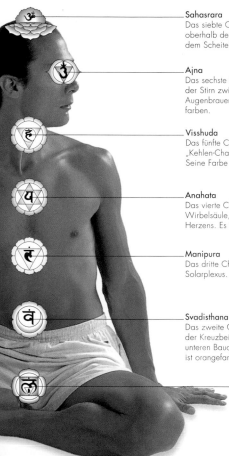

Sahasrara
Das siebte Chakra sitzt knapp
oberhalb des Kopfes über
dem Scheitel. Es ist violett.

Ajna
Das sechste Chakra sitzt in
der Stirn zwischen den
Augenbrauen. Es ist indigo-
farben.

Visshuda
Das fünfte Chakra ist auch als
„Kehlen-Chakra" bekannt.
Seine Farbe ist blau.

Anahata
Das vierte Chakra sitzt in der
Wirbelsäule, in der Höhe des
Herzens. Es ist grün.

Manipura
Das dritte Chakra sitzt im
Solarplexus. Es ist gelb.

Svadisthana
Das zweite Chakra sitzt in
der Kreuzbeinregion im
unteren Bauchbereich. Es
ist orangefarben.

Muladhara
Dies ist das niedrigste
Chakra. Es sitzt zwischen
den Genitalien und dem
After. Seine Farbe ist rot.

Mit den Chakras arbeiten

Meditation
*Regelmäßige Meditation
hilft der Energie, durch die
Chakras zu fließen.*

Wissenschaftler haben herausgefunden, dass die Chakras in der Tat den Verbindungswegen im Gehirn und im Immunsystem entsprechen. Einige alternative Heilmethoden bieten Techniken an, um die Chakras zu öffnen, den Energiefluss zu verbessern und das Wohlbefinden zu steigern.

Wenn diese kraftvollen Energiezentren frei sind, befinden sich Gesundheit und Wohlbefinden im Optimum.

Eine spirituelle Übung

Ein ayurvedischer Heiler wird sagen, dass die Öffnung der Chakras ein Vorgang ist, der viele Leben lang dauern kann. Diese Übung sollte daher nur unter der Führung eines erfahrenen spirituellen Lehrers erfolgen. Es ist wichtig zu wissen, dass das Öffnen und Schließen der Chakras ein potenziell gefährlicher Vorgang ist, der zu schweren mentalen Störungen führen kann.

Sie sollten mit einem Heiler zusammenarbeiten und dabei Yoga und/oder Meditation anwenden. Konzentrieren Sie sich auf spezielle Chakras, die mit Marma-Punkten in Verbindung stehen. Sie können physische, geistige oder spirituelle Techniken anwenden, um die Kundalini-Energie, die an bestimmten Punkten stagniert, zu bewegen. In diesem Fall ist das Ziel nicht der Weg nach oben durch die Chakras, sondern die Konzentration auf bestimmte Bereiche des Körpers, in denen die Energie nicht richtig fließt.

Farbvisualisierung

Etwas Grundwissen über die sieben
Chakras ist nützlich bei dem Versuch,
blockierte Energie aus einem Bereich
des Körpers in einen anderen zu
verschieben. Jedes Chakra hängt mit
einem anderen Körperteil zusammen
und hat seine eigene Farbe (s. S. 91).
Sich bei der Meditation diese Farbe
vorzustellen und sich darauf zu
konzentrieren kann Ihnen helfen, sich
einem bestimmten Bereich des Körpers
zu widmen. Erwarten Sie jedoch keine
tiefe Glückseligkeit von dieser Technik,
sie ist lediglich eine Hilfe.

Chakras und Ayurveda

Die Chakra-Therapie ist an sich kein Teil der
ayurvedischen Heilkunst, aber sie kann Teil
eines spirituellen Programms sein. Außerdem
kann das Wissen um den Sitz der sieben
Chakras bei der spirituellen Heilung von
körperlichen und seelischen Leiden helfen.
Ayurvedische Heiler empfehlen jedoch,
dass eine Chakra-Therapie immer nur
unter der Leitung eines spirituellen Lehrers
durchgeführt wird.

Beinwell

Beinwell ist ein häufig eingesetztes Kraut, das oft Pitta-Typen verordnet wird.

KRÄUTERHEILMITTEL

Die Kräuterkunde heißt auch *Samana*. Kräuter werden verschrieben, um ein Dosha-Ungleichgewicht zu korrigieren. Sie stimulieren *Agni* (das Verdauungsfeuer oder den Stoffwechsel) und stellen das Gleichgewicht zwischen den Doshas wieder her. Kräuter werden nicht zur Heilung von Krankheiten verschrieben, da diese nur Symptome des Ungleichgewichts sind. Ayurvedische Kräuterheilkunde hat eine lange Tradition, in deren Rahmen auch Mineralien verordnet werden. Dies ist jedoch davon abhängig, wo Ayurveda praktiziert wird.

Die Behandlung

Die Kräuterbehandlung dauert normalerweise drei bis sechs Monate. Sie kann auch unterbrochen werden, um dem Körper eine Pause zu gönnen, wird danach aber wieder aufgenommen. *Anupana* ist Sanskrit für „Trägersubstanz", ein wichtiger Bestandteil der Kräutertherapie. Wenn ein Anupana vor der Behandlung eingenommen wird, regt es die Heilmittel an, im Körper an den richtigen Platz zu „reisen". Häufig benutzte Anupanas sind Honig, Milch, Ghee und warmes Wasser.

WARMES WASSER

MILCH

HONIG

GHEE

Passende Mittel

Es gibt in der ayurvedischen Kräuterkunde mehrere hundert Mittel, die je nach Konstitution und Zustand des Patienten ausgewählt werden.

Die Wirkung der Kräuter

Kräuter haben viele Auswirkungen auf den Körper. Sie können das Blut reinigen, den Stuhl binden, die Verdauung unterstützen, Würmer austreiben, die Blutgerinnung verbessern, Brüche heilen, den Appetit anregen, Fieber senken, Giftstoffe abbauen, die drei Doshas ausbalancieren bzw. vergrößern oder verringern und das Herz stärken.

Welche Kräuter?

Vor der Verordnung von Kräutern wird eine komplette Anamnese durchgeführt.

Kräuterkunde in der Praxis

Natürliche Ernährung
*Kräuter werden unter anderem
auch wegen ihres Nährgehalts
verschrieben.*

Nach der abgeschlossenen Entgiftung (s. S. 70–75) wird der Heiler Ihnen u. U. Kräuterheilmittel oder Mineralien verordnen, die das Dosha-Ungleichgewicht beseitigen sollen. Kräuter werden normalerweise in flüssiger oder getrockneter Form verabreicht, können aber auch als Pulver oder Tabletten eingenommen werden.

Kräuterkombinationen

Kräuter werden oft als Kombinationen eingenommen, da die Wirkung sich gegenseitig verstärken kann. Ihr Konstitutionstyp und ein eventuelles Dosha-Ungleichgewicht sind wichtig bei der Auswahl der Kräuter. Viele weitere Faktoren spielen ebenfalls eine Rolle, z. B. die Eigenschaften und der Geschmack der Pflanze (s. S. 158–161). Die Zutaten sind immer schon vorhanden, aber die verschiedenen Mischungen werden individuell zusammengestellt. Jede Zutat wird nach ihrer Wirkung in Bezug auf das Verringern bzw. Steigern des Doshas klassifiziert.

Die Eigenschaften der Kräuter

In vielen Fällen wird beim Ayurveda die gesamte Pflanze verwendet, manchmal aber auch nur ein Teil. Alle Pflanzen werden nach ihren *Rasas* (Geschmacksrichtungen) und *Gunas* (Eigenschaften) eingeordnet.

Jede Pflanze hat eine der sechs grundlegenden Geschmacksrichtungen: süß, sauer, salzig, scharf, bitter und beißend (s. S. 160). Die Gunas basieren auf dem Glauben, dass alles im Universum aus Gegensätzen besteht. Es gibt 20 Gunas: heiß und kalt, hart

und weich, ölig und trocken, leicht und
schwer, stumpf und scharf, fein und
derb, schleimig und rau, unbeweglich
und mobil, trübe und durchsichtig sowie
flüssig und fest.

Diese Eigenschaften können sich
auf jede Materie, auf Gedanken und
auf die Doshas beziehen. Bestimmte
Substanzen, denen bestimmte Gunas
zugeschrieben werden, können den
Dosha-Einfluss im Körper verstärken
oder abschwächen.

Ein Heiler betrachtet alle Eigenschaften eines Krauts, bevor er es verordnet.
Ein Kraut zur Stärkung von Vata würde
z. B. scharf, sauer oder salzig schmecken. Seine Merkmale sind leicht,
trocken und kalt und machen es daher
für dieses spezielle Dosha-Ungleichgewicht geeignet.

Kräuter für die Doshas

Die besten Kräuter für Vata-Typen sind
beispielsweise. Gotu Kula und Ginseng, für
Pitta-Typen Aloe Vera und Beinwell und für
Kapha-Typen echter Alant und Honig (zu
therapeutischen Zwecken, s. S. 166–171).

AYURVEDISCHE KRÄUTER

Kräuter haben seit Jahrtausenden beim Ayurveda eine entscheidende Bedeutung. Sie werden in einer Kombination mit Ratschlägen zu Ernährung, Training und der generellen Lebensführung verordnet. Ihre Rasas produzieren Energie, die ihre Wirkung fördert und den Ausgleich der Doshas anregt. Viele der am häufigsten verwendeten Kräuter sind auch bei uns problemlos zu erhalten. Dazu gehören Aloe Vera, Kümmel, schwarzer Pfeffer und Zimt. In den Kästen (s. u.) finden Sie die Eigenschaften und die häufigsten Anwendungsgebiete.

Allheilmittel
Aloe Vera wird beim Ayurveda oft benutzt und beruhigt alle drei Doshas.

Aloe Vera

Eigenschaften: Aloe Vera ist antiseptisch, bitter, antiviral, kühlend und süß. Es ist ein hervorragender Blutreiniger, beruhigt alle drei Doshas und ist besonders geeignet, um Pitta zu reduzieren (es kühlt Pitta-Ausschläge und -Geschwüre).

Verwendete Teile: Blätter, Gel und Saft

Anwendungsgebiete: Probleme mit Schilddrüse, Hirnanhangsdrüse und Eierstöcken. Beruhigt Entzündungen, lindert Muskelkrämpfe, reinigt das Blut und die Leber. Direkt auf die Haut aufgetragen heilt es Verbrennungen, Verbrühungen, Kratzer und Sonnenbrände.

Schwarzer Pfeffer

Eigenschaften: Schwarzer Pfeffer wirkt erhitzend und trocknend. Der Geschmack ist scharf und bitter. Er ist gut geeignet, um einen Überschuss an Kapha auszugleichen.

Verwendete Teile: Pfefferkörner, Öl

Anwendungsgebiete: Der Pfeffer regt Blut, Plasma, Nervensystem, Milz und Kreislauf an, reduziert Fett und beruhigt chronische Magenverstimmungen und Giftstoffe im Mastdarm.

Kümmel

Eigenschaften: Kümmel ist antiseptisch, antiviral und wärmend. Das scharfe Mittel ist für seine anregende Wirkung bekannt.

Verwendete Teile: Samen

Anwendungsgebiete: Kümmel beruhigt Magenverstimmungen, verringert Koliken, Blähungen und die Ansammlung von Giftstoffen und Flüssigkeiten. Er reduziert Vata und Kapha und stärkt Pitta. Er klärt Kapha-Schleimbildung und lindert Vata-Gefühle und -Menstruationskrämpfe.

Zimt

Eigenschaften: Zimt ist antiseptisch, wärmend, scharf und süßlich-ätzend mit erhitzenden Eigenschaften. Er fungiert als Krampflöser, Aphrodisiakum, Schmerzmittel und wirkt harntreibend. Zimt ist antibakteriell und antifungal und wird z. B. bei Zahnfleischentzündungen und Candidainfektionen eingesetzt.

Verwendete Teile: Rinde und Blätter.

Anwendungsgebiete: Verdauungsstörungen, Atemwegsleiden und Darminfektionen.

SCHWARZER PFEFFER

KÜMMEL

ZIMT

Kräuter anwenden

Tinkturen und Tees
*Kräuter werden in
verschiedenen Formen
verabreicht.*

Viele Kräuter kann man in Form von Essenzen, Pillen, Pulvern, Pasten und als Konzentrate (wie in der Homöopathie) erhalten. Kräuterheilmittel sollten frisch eingenommen werden, da sie im Laufe der Zeit – im Gegensatz zu Mineralheilmitteln – an Wirkung verlieren.

Tinkturen und Aufgüsse

Zur inneren Anwendung werden am häufigsten Tinkturen verschrieben. Sie werden hergestellt, indem man die Blüten, Blätter oder Wurzeln der Pflanze in Alkohol einlegt, um ihre Merkmale herauszufiltern und zu konservieren.

Aufgüsse und Absude

Für Aufgüsse werden Kräuter zu einem „Tee" verarbeitet. Auf einen Teelöffel getrocknete Kräuter kommt eine Tasse kochendes Wasser. Dieses lässt man 10–15 Minuten ziehen, siebt es durch und trinkt es. Aufgüsse sind nicht so konzentriert wie Tinkturen. Absude werden genauso hergestellt, bestehen aber aus den festeren Pflanzenteilen wie Wurzeln, Nüssen, Rinde und Samen. Verwenden Sie die gleiche Zusammensetzung wie beim Aufguss. Geben Sie die Zutaten in einen Topf, lassen Sie alles aufkochen und bei kleiner Hitze 10 Minuten lang köcheln.

Tabletten und Cremes

Ayurvedische Kapseln und Tabletten werden eingenommen wie herkömmliche. Salben und Cremes werden äußerlich aufgetragen. Der Wirkstoff gelangt durch die Haut ins Blut.

Zäpfchen und Spülungen

Zäpfchen erhalten Sie bereits fertig zum
Einführen. Spülungen bestehen aus
einem Aufguss oder Absud, der zuerst
abgekühlt wurde.

Öle

Viele ayurvedische Öle werden aus
Pflanzen hergestellt. Sie werden auf
verschiedene Arten angewendet, z. B.
zur Massage oder als Einlauf.

Kräutermischungen

Bei vielen Beschwerden werden Kräuter-
mischungen verwendet:

• *Tiphala Choornam* ist eines der beliebtesten
Mittel gegen Verstopfung und zur Ausbalancierung der drei Doshas.

• *Yograj Guggul* ist bei Rheuma und Arthrose
sehr wirksam.

• *Avipatikar Choornam* wird bei Sodbrennen
eingesetzt und beruhigt das Pitta.

• *Kanchar Guggul* hilft bei Entzündungen der
Lymphdrüsen und bei einem Kropf.

• *Phal Ghrit* wird häufig zur Behandlung der
männlichen und weiblichen Unfruchtbarkeit
eingesetzt.

Lebenswichtige Kräuter
Die richtige Anwendung von Kräutern erfrischt Körper, Geist und Seele.

REGENERATION

Nach der Reinigung ist die Regeneration *Rasayana* wichtig. Sie stellt die Doshas wieder her und stabilisiert sie. Körper, Geist und Seele werden in den Zustand natürlicher Ausgeglichenheit zurückversetzt. Dies verhindert Krankheiten und verringert die Auswirkungen von Leiden, die sich nicht ganz vermeiden lassen. In der *Charaka Samhita* gibt es zwei Arten von Rasayana: mit oder ohne Hilfsmittel.

Klären Sie den Geist und vertreiben Sie so negative Energie.

Ama ausscheiden
Sie können Ihren Körper täglich erfrischen, wenn Sie ihn von den Überresten von Ama befreien und der Verlockung von Alkohol und anderen Stoffen widerstehen, welche die Doshas reizen und Ama produzieren. Je gelassener Sie sind, desto harmonischer ist Ihre Energie.
Eine Erfrischungstherapie ist auch nach langer Krankheit, einer Stressphase und nach einer medizinischen Behandlung, z. B. mit Antibiotika, angebracht. Sie fördert das Gedächtnis, bringt Ihr Immunsystem in Schwung, verbessert den Allgemeinzustand und regt Haut und Haare an.

Den Geist befreien
Meditation hilft bei der Ausscheidung von geistigem Ama.

Kräuterbehandlungen

Ein ayurvedischer Heiler wendet bei der Erfrischungstherapie eine Reihe von verschiedenen Kräutern und anderen Behandlungen an. Entsprechende Kräuter sind z. B. *Ashwagandha* (Schlafbeere) für Vata-Beschwerden, *Shatavari* (Asparagus racemosus) bei Pitta-Beschwerden und *Pippali* (Langer Pfeffer) bei Kapha-Beschwerden. Ashwagandha ist bitter und beißend. Es ist ein Tonikum, ein Beruhigungsmittel und ein Aphrodisiakum und wird z. B. bei Angstzuständen, Schlaflosigkeit, chronischer Erschöpfung und schwacher Libido verschrieben. Shatavari wird gegen Durchfall und Ruhr sowie bei Leber- und Nierenbeschwerden eingesetzt. Weiterhin wirkt es als Tonikum auf Eierstöcke, Gebärmutterschleimhaut und Eileiter. Alle sieben Dhaatus werden von seinen Merkmalen beeinflusst. Pippali ist wärmend und süß. Es kommt z. B. bei Leberbeschwerden, Fettsucht, Asthma, Arthritis und Appetitverlust zum Einsatz.

Lebenstrunk
Viele Kräuter können als Tees getrunken werden.

SCHLAFBEERE

LANGER PFEFFER

ASPARAGUS RACEMOSUS

Regenerationsprogramme

Gesunde Ernährung
*Auch Ihr Ernährungszustand
wird bei der Auswahl der
richtigen Behandlung betrachtet.*

Rasayana, die Verjüngungstherapie, ist einer der acht Zweige von Ayurveda (s. S. 18–19). Auf die Wichtigkeit der Regeneration wird schon in den alten Schriften hingewiesen. Ihr Heiler wird ein passendes Mittel für Sie auswählen – je nach Alter, Konstitution, Anpassungsfähigkeit, dem Zustand Ihrer Sinnesorgane und Ihrer Verdauung. Verschiedene Rasayana-Heilmittel (meist Kräuter) werden verwendet, um Ihren Ernährungszustand oder Ihre Verdauung und den Stoffwechsel zu verbessern.

Verschreibungen

Medhya Rasayana sind Mittel, die besonders Intellekt, Gedächtnis und Willenskraft stärken.

Naimittika Rasayana werden zur Verbesserung der Vitalität oder gegen eine Reihe von Krankheiten verordnet.

Es gibt auch die Verjüngung ohne Heilmittel *(Acara Rasayan)*. Üben Sie sich im passenden Lebensstil *(Sadacara)*. Schaffen Sie Zeit für Spiritualität und vermeiden Sie Ärger, Eifersucht, Neid und unfreundliches Verhalten. Unterdrücken Sie keine natürlichen Bedürfnisse und meditieren Sie häufig.

Liebenswürdigkeit

Am besten führen Sie Rasayana aus, indem sie immer an das Schlüsselwort „Liebenswürdigkeit" denken. Entwickeln Sie eine liebenswürdige Art und denken Sie freundliche Gedanken. Ihre Sprache sollte Harmonie ausdrücken, Sie sollten mitfühlend sein und einem einfachen Lebensstil nachgehen. Seien sie ruhig, aufmerksam und respektvoll gegenüber dem Leben und der Natur.

Gesunde Bewegung

Bewegung in Form von Sport und natürlichen Aktivitäten ist wichtig und hilft bei der Regeneration. Bewegung belebt Sie und hilft Ihnen, den Zustand von Ausgeglichenheit und Harmonie zwischen Körper und Geist zu erreichen. Die Dosha-Übungen auf den folgenden Seiten sind dabei eine wichtige Unterstützung.

Sport vermeiden?

Sport ist für sehr schwache oder stark abgemagerte Menschen nicht empfehlenswert. Auch nach schweren Mahlzeiten oder bei Fieber sollten Sie Sport vermeiden. Menschen mit Herzkrankheiten, Tuberkolose, Asthma oder Schwindelanfällen sollten ebenfalls nicht trainieren. Vatas sollten kontrollierte Übungen wie Yoga machen und Aerobic meiden.

Über das Altern

Die ayurvedische Verjüngung hilft Ihrem Körper und Ihrem Geist, die Kraft zu erhalten. So steht der spirituellen Entwicklung nichts im Wege, während der Mensch älter wird.

Sanfte Übungen
Tai Chi ist gut für Vata-Typen.
Alle Doshas profitieren von
sanften Dehnübungen.

ÜBUNGEN FÜR DIE DOSHAS Diese

Übungen sind nicht nur bei der Regeneration wichtig (s. S. 102–105). Sie
helfen Ihnen auch dabei, das Gleichgewicht zwischen Vata, Pitta und Kapha
aufrecht zu erhalten. Yoga ist die wichtigste Sportart für Körper und Geist, aber
es gibt auch andere Möglichkeiten zur Ausbalancierung der Doshas.

Passende Übungen für die verschiedenen Konstitutionen		
VATA	**PITTA**	**KAPHA**
• Yoga	• Yoga	• Yoga
• Tanzen (z. B. Ballet)	• Ski fahren	• Tennis
• Walking	• Walking/Joggen	• Fußball
• Wandern	• Segeln/Schwimmen	• Rennen
• Tai Chi	• Reiten	• Aerobic
• Rad fahren	• Wandern/Bergsteigen	• Rudern

Aktive Erholung
Entspannung und Atmung sind
Teilbereiche von Yoga, die allen
Doshas nützen.

Aktiv bleiben

Joggen ist für Kapha-Typen ideal, während Walking gut für Vata-Typen ist.

Grundsätze

Leichte, tägliche Übungen werden für alle drei Doshas empfohlen. Kapha-Typen brauchen täglich eine lange, anstrengende Sporteinheit. Alle anderen, ganz besonders Vata-Typen, brauchen nur gemäßigten Sport. Pitta-Typen sollten maßvoll trainieren und dabei Hitze meiden. Eine Übertreibung kann für Vatas gefährlich werden. Sofern Sie eine anstrengende Sportart wählen, sollten Sie diese mit Energie fördernden Übungen wie Hatha Yoga, Tai Chi oder Qi Gong ergänzen. Energie fördernde Übungen regen alle fünf Subdoshas des Vatas an, in ihrem Bereich zu bleiben und miteinander zu kooperieren. Werden sie richtig ausgeführt, stimulieren diese Übungen den Fluss des Prana in Ihrem Körper und fördern die Entwicklung des Immunsystems durch das Stärken des Ojas, der Lebensenergie (s. S. 62–63).

Yoga

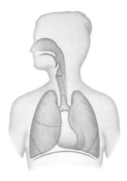

Atmung fürs Leben
*Yoga regt die tiefe Atmung an
und fördert den ungehinderten
Fluss von Prana.*

Yoga ist eine der wichtigsten Sportarten und regelmäßiges Training fördert die Vitalität und die Ausgeglichenheit. Yoga bedeutet „Einheit". Es stammt vom Sanskrit-Wort *yug* ab, was „dazukommen" heißt. Im spirituellen Bereich bezieht es sich auf die Einheit des individuellen mit dem universellen Bewusstsein. In der Praxis zielt es auf eine Harmonie zwischen Körper, Geist und Gefühlen ab und lässt uns innere Ruhe finden. Yoga benutzt unsere angeborene Lebenskraft und lehrt uns, wie man sie geschickt anzapft, einspannt und in die gewünschte Richtung lenkt. Dazu verwendet man Bewegungen, Atmung, Körperstellungen, Entspannung sowie Meditation und entwickelt so ganz allmählich eine gesunde und ausgeglichene Einstellung zum Leben.

Haltungsarten

Yoga-Übungen bestehen aus *Asanas* – Stellungen, die Dehnen, Beugen, Drehen und Entspannen beinhalten. Jede Stellungsart hat eine bestimmte Wirkung. Es gibt sechs Hauptgruppen: stehend, auf dem Kopf stehend, gedreht, nach hinten, nach vorne und zur Seite gebeugt.

• Stehende Positionen verbessern z. B. die Effektivität der Muskel-, Kreislauf-, Atem- und Verdauungssysteme.

• Auf dem Kopf stehende Positionen gleichen das Drüsensystem und den Stoffwechsel aus, verbessern die Denkfähigkeit und beleben die Organe.

• Gedrehte Positionen unterstützen die Verdauung, lindern Rückenschmerzen und verbessern die Zwerchfellatmung.

• Nach hinten gebeugte Positionen wirken belebend und fördern die tiefe Atmung.

• Nach vorn gebeugte Positionen verbessern Blutkreislauf und Verdauung und beruhigen aufgewühlte Emotionen.

• Zur Seite gebeugte Positionen regen die wichtigsten Organe wie Leber, Nieren, Magen und Milz an.

Entspannungs- und Atemübungen sind sehr wichtig. Sie sollen die Aufmerksamkeit verbessern und lassen die vorhergehenden Übungen ihre volle Wirkung entfalten. Am besten macht man Yoga früh am Morgen oder spät am Nachmittag. Jede Einheit sollte 10–15 Minuten dauern. Denken Sie daran, niemals Ihren Atem anzuhalten, während Sie die Übungen durchführen.

Atmung und Entspannung

Konzentrieren Sie sich beim Yoga auf Ihre Atmung, leeren Sie Ihren Geist und hören Sie auf, wenn es schmerzhaft oder schwierig wird.

GRUSS AN DIE SONNE

Eine der besten Übungen für zu Hause ist der „Gruß an die Sonne" (Surya Namaskar): eine Abfolge von Bewegungen, die den ganzen Körper lockern und mit Energie versorgen. Führen Sie diese Übung morgens zuerst durch. Machen Sie die Übung zweimal und entspannen Sie sich nach jedem Durchgang.

2 Ausatmen. Vorbeugen und die Hände auf den Boden legen. Kopf zu den Knien führen, ohne diese zu beugen.

3 Einatmen. Den rechten Fuß nach hinten strecken, bis das linke Knie im rechten Winkel ist. Dabei nach oben schauen.

4 Ausatmen. Den linken Fuß nach hinten zum rechten führen. Kopf, Rücken und Beine sollten eine Linie bilden.

Gruß an die Sonne
1 Aufrecht stehen, Füße geschlossen, Handflächen vor der Brust. Einatmen und Arme nach hinten oben strecken.

5 Arme und Knie beugen, damit Zehen, Knie, Brust, Hände und Stirn den Boden berühren.

6 Einatmen. Arme strecken, dabei nach hinten beugen. Die Beine bleiben auf dem Boden.

7 Ausatmen. Hüften anheben, Hände und Füße bleiben auf dem Boden.

8 Einatmen. Den rechten Fuß nach vorn und das Knie zur Brust führen. Nach oben schauen.

9 Ausatmen. Den linken Fuß zum rechten und den Kopf zu den Knien führen. Beine strecken.

10 Einatmen. Aufrecht stehen, die Arme über den Kopf strecken und nach hinten beugen.

11 Ausatmen. Aufrecht stehen mit den Handflächen an den Seiten.

Yoga-Übungen

Vereinen und Integrieren
Das Ziel ist die Vereinigung der individuellen Seele mit dem ewigen universellen Geist.

Yoga soll nicht nur die Flexibilität des Körpers verbessern. Es setzt auch Energie, die sich in den Marma-Punkten und in den Chakras festgesetzt hat, frei. Die Asanas fördern den Fluss der Energie durch Körper und Geist und lassen die Kundalini-Energie nach oben durch die Chakras fließen.

Yoga sollte mit leerem Magen auf dem Boden durchgeführt werden. Entfernen Sie Brille, Kontaktlinsen und Schmuck. Tragen Sie leichte Kleidung.

Energieblockaden lösen

Zuerst müssen Sie die verbleibende Anspannung in allen Körperteilen lösen. Die folgenden Bewegungen dehnen sanft die Muskeln, lockern die Gelenke und fördern eine tiefe Atmung. Halten Sie jede Position, zählen Sie dabei bis drei. Verlängern Sie diese Zeitspanne, je weiter Sie fortschreiten.

Stehende Dehnung

Stehen Sie aufrecht mit geschlossenen Füßen. Atmen Sie ein und heben Sie die Arme seitlich über den Kopf. Dehnen Sie sich nach oben bis auf die Zehenspitzen und halten Sie diese Stellung. Atmen Sie aus und senken Sie die Arme. Wiederholen Sie diese Übung zweimal.

Seitliche Dehnung

Stehen Sie aufrecht, die Füße schulterbreit auseinander, Arme an den Seiten. Atmen Sie ein, heben Sie den rechten Arm seitlich über den Kopf. Die Handfläche zeigt nach links. Atmen Sie aus und beugen Sie sich nach links.

Drehung

Stehen Sie aufrecht, die Füße einen
Meter auseinander. Atmen Sie ein und
heben Sie die Arme vorn auf Schulterhöhe. Atmen Sie aus, drehen Sie die
Arme nach rechts, ziehen Sie die linke
Hand zur rechten Schulter. Drehen Sie
sich soweit aus der Hüfte wie möglich.
Halten Sie diese Stellung. Atmen Sie
ein. Atmen Sie wieder aus und kehren
Sie zum Anfang zurück. Wiederholen
Sie die Übung zur anderen Seite,
dann senken Sie die Arme und entspannen sich.

Die Hocke

Stehen Sie aufrecht, die Füße hüftbreit
auseinander. Heben Sie die Arme vorne
auf Schulterhöhe. Beugen Sie die Knie
und gehen Sie in die Hocke. Versuchen
Sie, dabei die Fußsohlen auf dem
Boden zu lassen.

Asana

Das Wort Asana bedeutet „sich bequem
hinsetzen". Yoga fördert die körperliche
und geistige Entspannung.

YOGA-ÜBUNGEN

Die folgenden Asanas fördern die Harmonie zwischen Körper, Geist und Seele. Übungen für die rechte Seite des Körpers müssen Sie auf der linken wiederholen, um eine gleichmäßige Dehnung zu erreichen. Fragen Sie auch einen Yogalehrer oder einen Heiler nach Stellungen, die für Ihren Konstitutionstyp geeignet sind.

Der Baum
1 *Aufrecht stehen mit den Händen an den Seiten und den Fußknöcheln aneinander. Schultern entspannen, geradeaus blicken.*

2 *Die rechte Fußsohle an die Innenseite des linken Oberschenkels legen. Die Zehen zeigen nach unten, das Knie zur Seite.*

3 *Die Arme über den Kopf heben und die Handflächen zusammenführen. Position 30 Sekunden halten.*

Wie Yoga hilft

Vata-Typen hilft die Kobra-Übung z. B. bei Verstopfung, Schlaflosigkeit und Menstruationsbeschwerden. Bei Pitta-Typen regt sie die Nieren, die umgebenden Organe und die Nebennieren an und hilft bei hohem Blutdruck. Bei Kapha-Typen lindert die Kobra-Übung Verstopfungen und Asthma. Die Baum-Übung wirkt auf die Ausgeglichenheit und ist geistig herausfordernd.

Die Kobra

1 *Auf den Bauch legen, Beine und Zehen gestreckt. Das Kinn liegt auf dem Boden.*

2 *Handflächen neben die Schultern setzen. Einatmen und langsam Kopf und Brust vom Boden heben.*

3 *Arme strecken. Den Rücken nach hinten oben durchdrücken. Position halten. Ausatmen und lockern.*

Yoga-Übungen

Die meisten der folgenden Übungen werden in den normalen Yogakursen gelehrt. Sind Sie sich bei einer Übung nicht ganz sicher, fragen Sie nach oder bitten Sie um eine Demonstration. Für die meisten ist ein wöchentlicher Kurs hilfreich, um die Technik von einem Experten zu lernen. Sie können die Übungen anschließend jederzeit selbst durchführen.

Der Pflug
1 Mit ausgestreckten Beinen auf den Rücken legen. Die Knie zur Brust führen und den Rumpf anheben. Die Arme ausgestreckt auf dem Boden liegen lassen.

2 Mit den Händen den Rücken stützen und die Füße hinter dem Kopf absenken. Position halten. Zur Entspannung langsam die Beine anheben und sich zurück zum Boden beugen.

Der Fisch
1 Auf den Rücken legen. Die Ellbogen an die Seiten in Brustkorbhöhe legen. Die Arme sollten flach auf dem Boden liegen.

2 Auf die Ellbogen stützen. Den Kopf heben und mit dem Scheitel vorsichtig auf den Boden legen. Die Schulterblätter zusammenziehen, halten, entspannen.

Sicherheit zuerst

Wenn Sie Schulterstand oder Pflug ausführen, legen Sie zwei gefaltete Decken auf den Boden. Schultern und Arme liegen darauf, der Kopf auf dem Boden. Dies verringert den Druck auf den Nacken. Bewegen Sie nicht den Kopf, wenn Sie sich den Positionen befinden oder sie einnehmen. Bei Nacken- oder Rückenbeschwerden sollten Sie erst mit einem Arzt reden.

Entspannungshaltung

Legen Sie sich auf den Rücken, Arme und Beine angenehm gespreizt. Schließen Sie die Augen. Atmen sie 10-mal tief ein und aus. Entspannen Sie sich.

Der Schulterstand

1 *Auf den Rücken legen, die Beine zusammen, die Hände an den Seiten, die Zehen strecken.*

3 *Position so lange wie möglich halten. Ausatmen, während die Beine vorsichtig zum Boden gesenkt werden.*

2 *Beine anheben, den Rücken mit den Händen stützen. Die Ellbogen sind am Boden, die Schultern tragen das Gewicht.*

PRANAYAMA

Ein wichtiger Teil von Yoga und Ayurveda ist das richtige Atmen, *Pranayama*. Das Wort stammt aus dem Sanskrit und kann als „Wissenschaft des Atmens" übersetzt werden: *Prana* bedeutet „Lebenskraft" und *yama* „Kontrolle". Wir können nur dann wirklich gesund sein, wenn wir in der Lage sind, tief und frei zu atmen, da wir zur Reinigung des Blutes und zur Verbrennung von Abfallstoffen viel Sauerstoff benötigen. Atemlosigkeit oder eine flache Atmung weisen oft auf Ängste oder emotionale Störungen hin.

Sauerstoffbedarf

Im Laufe der Zeit haben wir das richtige Atmen verlernt. Wir nutzen nur 10% der Lungenkapazität. Bei unserem hektischen Lebensstil wird dies zunehmend gefährlich. Wenn wir über zu wenig Sauerstoff verfügen, leiden wir unter Erschöpfung, Konzentrationsschwäche, Kopfschmerzen und anderen Symptomen.

Kontrolle der Lebenskraft

Prana ist die Kraft und die Energie, die hinter der Atmung steckt. Lernen wir, die Atmung zu kontrollieren, können wir aus einem großen Energiereservoir schöpfen. Atmen wir im richtigen Rhythmus – langsam, tief und gleichmäßig –, stärken wir die Atemwege, beruhigen das Nervensystem, mindern unser Verlangen, befreien den Geist und verbessern die Konzentrationsfähigkeit.

Drücken Sie ein Nasenloch mit den Fingern zu und atmen Sie durch das andere.

Legen Sie sich hin oder setzen Sie sich in den Lotus- bzw. Schneidersitz.

Kapha-Atmung

Kaphas sollten das linke Nasenloch zuhalten und durch das rechte einatmen, dann das Ganze umgekehrt wiederholen.

Pitta-Atmung

Pittas sollten mehrmals durch das linke Nasenloch ein- und durch das rechte ausatmen.

Vata-Atmung

Vatas sollten abwechselnd durch ein Nasenloch ein- und durch das andere ausatmen.

Die Doshas ausgleichen

Studien haben ergeben, dass die Yogi-Atmung Leiden wie Asthma, Ausschläge, hohen Blutdruck und Diabetes lindern kann. Die Pranayama Übungen werden nach Ihrem vorherrschenden Dosha empfohlen, um alle drei Doshas ins Gleichgewicht zu bringen.

Atmen Sie tief durch die Nase.

Spüren Sie, wie sich Ihr Bauch hebt und senkt.

Pranayama-Übungen

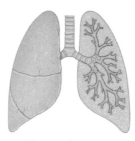

Nutzung der Lungen
*Wir nutzen fast alle nur 10%
unserer Lungenkapazität. Die
richtige Atmung fördert das
Wohlbefinden.*

Ayurveda lehrt, dass Pranayama die gegensätzlichen Seiten unseres Wesens miteinander versöhnt. Das rechte Nasenloch steht mit unserer aktiven, rationalen Seite in Verbindung, das linke mit der passiven, emotionalen Seite. Indem wir abwechselnd durch die Nasenlöcher atmen, können wir die beiden Seiten harmonisieren. Pranayama-Übungen sollten auf dem Rücken liegend oder im Sitzen durchgeführt werden. Rücken und Kopf müssen sich auf einer Linie befinden.

Üben Sie jeden Morgen und jeden Abend jeweils fünf Minuten lang.

Während Sie die Übungen machen, zählen Sie langsam vor sich hin, bis Sie die Kunst des entspannten Atmens gemeistert haben.

Vitalitätsatmung

Atmen Sie tief durch beide Nasenlöcher ein. Atmen Sie dann explosionsartig aus, indem Sie Bauchmuskeln und Zwerchfell ruckartig einziehen. Das Ausatmen sollte fast so schnell wie ein Niesen sein.

Sobald Sie ausgeatmet haben, entspannen Sie sich und atmen Sie normal ein. Das Einatmen sollte länger dauern als das Ausatmen.

Üben Sie die Vitalitätsatmung am Anfang zehnmal hintereinander, wobei Sie zweimal pro Sekunde ausatmen sollten.

Machen Sie eine Minute Pause, bevor Sie mit der nächsten Einheit beginnen. Fangen Sie mit zwei Einheiten an und steigern Sie diese allmählich auf fünf.

Bhastika-Atmung

Atmen Sie dreimal ein und aus. Atmen
Sie ein, füllen Sie dabei die Lungen bis
zu einem Drittel ihrer Kapazität, dann
atmen Sie aus. Wiederholen Sie dies
zehnmal. Benutzen Sie Lungen und
Brustkorb wie einen Blasebalg.
Abschließend atmen Sie so tief wie
möglich ein und dann wieder aus.

Vollständige Atmung

Atmen Sie tief aus dem Bauch ein. Spüren Sie, wie sich Ihr Brustkorb aufbläht.
Atmen Sie aus und fühlen Sie die Luft in
umgekehrter Reihenfolge entweichen.

Drücken Sie leicht auf Ihren Unterleib,
um die restliche Luft aus dem unteren
Teil der Lungen zu pressen. Atmen Sie
tief ein, während Sie langsam bis vier
zählen. Verfahren Sie beim Ausatmen
genauso. Steigern Sie das Zählen im
Laufe der Zeit langsam bis auf acht.

Für die Gesundheit

Wird Pranayama richtig ausgeführt, kann die
Häufigkeit von Asthma, Bronchitis, Sinus-
infekten und Erkältungen verringert werden.

Eine kraftvolle Übung
Durch tiefe Meditation können wir Harmonie und Erleuchtung erreichen.

MEDITATION

Meditation ist ein wichtiger Beitrag zur Stabilisierung der Doshas und zur Förderung des Wohlergehens. So wie das Panchakarma den Körper reinigt, reinigt die Meditation den Geist. Die Schulmedizin hat nur zögerlich ihre Vorteile anerkannt, aber die Forschung bewies, dass Meditation z. B. die Herzfrequenz senken und den Menschen in einen Ruhezustand versetzen kann. Während wir meditieren, kann die Kundalini-Energie aufwärts durch die Chakras fließen und die Organe beleben.

Die innere Ruhe finden
Meditation hilft uns, die innere Ruhe zu finden – den Ort in uns, den die Außenwelt nicht beeinflussen kann. Das Wort „Meditation" stammt vom lateinischen *moderi* („zu heilen") ab. Suchen Sie sich einen sauberen Ort ohne künstliches Licht. Schaffen Sie sich dort eine Oase der Ruhe. Wählen Sie eine ruhige Tageszeit. Wenn Sie entspannt und ruhig sind sowie bequem sitzen, lassen Sie Ihre Gedanken wandern.

Ein friedlicher Ort
Sitzen Sie bequem und atmen Sie tief und rhythmisch. Der Alltag ist weit weg.

Die Gedanken beruhigen

Die Leerung des Geistes ist ein künstlicher Vorgang. Gedanken müssen ihrem natürlichen Verlauf folgen, bis sie den Ort der Ruhe erreichen. Stellen Sie sich vor, wie sie die Kammern Ihres Geistes erforschen und jede mit strahlend weißem Licht reinigen. Lassen Sie Gedanken eintreten und auf einer Welle des Lichts wieder entschwinden. Jede Kammer kann Ihnen neue Einsichten bieten.

Lassen Sie das Licht ein

Verwenden Sie eine Kerze – die ewige Flamme – als Begleiter auf Ihrem Pfad.

Energie des Mondes

Meditieren Sie in einem ruhigen Zimmer im Mondschein, um das Licht in Ihnen selbst zu finden.

Die Bedeutung der Meditation

Geistiger Frieden
Meditation ist ein wichtiger Teil von Ayurveda und fördert das ganzheitliche Wohlergehen.

Der Yogi Amrit Desai sagte einmal, dass ein Gebet ein Gespräch mit Gott ist. Meditation bedeutet vielmehr, Gott zuzuhören. Meditation bringt Sie mit Ihrer spirituellen Seite in Berührung, was ganz außerordentliche Auswirkungen auf Ihr körperliches und geistiges Wohlergehen haben kann. Wissenschaftliche Studien, die in 50 Ländern durchgeführt wurden, belegen, dass Meditation Intelligenz,

Wahrnehmungsfähigkeit und Methodik verbessert, Kreativität und Produktivität erhöht, den Blutdruck senkt, Angstzustände und Stress vermindert, den Alterungsprozess verlangsamt, die Atmung fördert, tiefe Entspannung hervorruft, die Laune verbessert und das Selbstbewusstsein stärkt.

Als Teil eines ayurvedischen Lebensstils ist Meditation eine große Hilfe bei der Erhaltung und Verbesserung Ihrer Gesundheit. Zudem werden Körper und Geist in Einklang gebracht.

Tiefe Ruhe

Meditation versetzt Körper und Geist in einen einzigartigen Zustand der ruhigen Aufmerksamkeit. Der Körper kann sich außerordentlich gut erholen, während sich der Geist in einem Zustand von innerer Gelassenheit und Wachsamkeit befindet.

Dieser Vorgang löst tief sitzenden Stress und Spannungen, erfrischt den ganzen Körper, erfüllt den Geist mit

Kreativität und Intelligenz und bildet die Grundlage für dynamisches, erfolgreiches Handeln. Wie das nun genau funktioniert, ist bisher weitgehend unbekannt. Beim Ayurveda glaubt man, dass die Meditation auf die Chakras (s. S. 92–93) wirkt und so den Aufwärtsfluss des Prana anregt, um den Geist zu erweitern.

Stress abbauen

Meditation hat eine einzigartig entspannende Wirkung auf den Körper und ist eine hervorragende Methode, dem ganzen System tiefe Erholung zu verschaffen. Diese Erholung löst Stress und Anspannungen auf eine Weise, an die nichts anderes, z. B. Urlaub oder Entspannungsübungen, heranreicht.

Am Ende des Tages

Versuchen Sie, am Ende des Tages 20 oder 30 Minuten zu meditieren, um Ihren Geist zu beruhigen und erholsamen Schlaf zu fördern. Die regenerative Energie wird so während des Schlafes besser fließen.

EINE EINFACHE ÜBUNG

Meditation sollte man am besten von einem erfahrenen Lehrer lernen, Sie können jedoch daheim weiterüben, entweder allein oder in einer Gruppe. Versuchen Sie, wenn möglich, immer zur gleichen Zeit und am gleichen Ort zu meditieren. Atmen Sie ruhig und regelmäßig aus dem Bauch heraus. Fangen Sie mit fünf Minuten tiefer Atmung an, atmen Sie danach noch ruhig weiter.

Vorbereitung

Sitzen Sie im Schneidersitz auf dem Boden, die Handflächen nach oben. Meditieren Sie mit offenen oder geschlossenen Augen, wie es Ihnen am liebsten ist. Viele finden es einfacher, ein Mantra zu verwenden. Das kann eine Silbe, ein Wort oder ein Satz sein, den Sie ständig im Singsang (s. S. 128–129) wiederholen.

Was sollen Sie tun?

Meditation soll den Geist reinigen und die natürliche Energie fließen lassen. Es gibt eigentlich keine falsche Methode. Fangen Sie mit dieser einfachen Übung an.

Bequem sitzen

1 *Im Schneidersitz mit geradem Rücken auf dem Boden sitzen.*

2 *Augen öffnen oder schließen, je nach Vorliebe.*

3 *Fünfmal tief und ruhig einatmen.*

126

4 *Gleichmäßig weiteratmen und auf das Mantra, die Atmung oder das Schweifen der Gedanken konzentrieren.*

5 *Keinen Gedanken festhalten. Zusehen, wie sie weiterziehen.*

6 *Ruhig und langsam atmen und den Körper vollkommen entspannen.*

7 *Die Aufmerksamkeit nach innen richten. Dabei kann es hilfreich sein, die Augen zu schließen.*

8 *Nach einer gewissen Zeit versuchen, tiefer zu atmen.*

9 *Als Abschluss die Augen öffnen (falls sie geschlossen waren) und sich ein paar Minuten ausruhen.*

Mantras

Die innere Kraft
*Mantras helfen bei der
Behandlung von Krankheiten,
die durch negatives Karma
entstanden sind.*

Mantras, die für die geistige
Heilung sorgen, sind ein
wichtiger Teil des ayurvedischen Systems. Mantras werden in
den alten Schriften Indiens eindeutig
und ausführlich beschrieben. Spirituell
aufgeschlossene ayurvedische Heiler
haben längst anerkannt, dass Mantras
und andere, ähnliche Rituale eine sehr
wichtige – wenn nicht sogar die
wichtigste – Rolle bei der Behandlung
einer großen Anzahl von Krankheiten
spielen können.

Arten der Behandlung

Es gibt drei Arten der Behandlung:
• Die höchste Art ist spirituell (Sattvic)
und erfolgt nur durch Gebete und
Mantras.
• Die zweite Art ist menschlich (Rajasic)
und wird mit Heilmitteln und Reinigungstherapien durchgeführt.
• Die dritte und niedrigste Art ist Tamasic, die Heilung durch die Operation.

Geistige Kraft

Alle Mantras richten sich an bestimmte
Götter. Beim Ayurveda sind für die
Heilung z. B. Vishnu, Dhanwantari (der
Gott des Ayurveda), Shiva, Krishna und
Durga zuständig. Sehr potente ayur-
vedische Kräuter werden ebenfalls
bestimmten Göttern zugeordnet.

Mantras reichen von denen, die
einen Patienten von einer Krankheit
heilen, bis zu denen, die ihm ein
gesundes und erfolgreiches Leben
ermöglichen. Einige Mantras helfen
dabei, sich aus dem endlosen Kreis von
Geburt und Wiedergeburt zu befreien
und *Moksha* (Befreiung) zu erlangen.

Mantras anwenden

Mantras können *Bija*-Mantras, einsilbige
Wörter oder Keimsilben sein, die einfache Laute bilden, oder auch rhythmische
Gesänge – *Mala*-Mantras. Alle Mantras
können rein gedanklich wiederholt oder
laut ausgesprochen werden. Ersteres ist
besser für die körperliche Heilung und
den spirituellen Fortschritt.

Da Mantras uns auf dem Weg des
spirituellen Erwachens unterstützen,
sollten sie nur von einem erfahrenen
Meister gelehrt werden. Beim Ayurveda
beinhaltet der Gebrauch von Mantras,
dass man den Namen ihres Entdeckers,
ihre geheimen Keimsilben und den
Schlüssel zu ihrer Nutzung kennt.
Außerdem hat man auch einen Talisman
(kavach). Ohne diese Schlüssel ist die
Verwendung von Mantras ineffektiv und
u. U. sogar gefährlich.

Ein spirituelles Geschenk

Mantras sind ein komplizierter Teil der Meditation. Nur ein entsprechend ausgebildeter
ayurvedischer Heiler oder ein Guru können
Sie in ihrem Gebrauch ordentlich unterweisen.

Erweitertes Bewusstsein
*Wenn Sie Ihre Sinne best-
möglich nutzen, erleben Sie
Ihre Umwelt viel intensiver.*

DIE SINNE TRAINIEREN

Einer der Grundsätze von Ayurveda besagt, dass wir alle Sinne bewusst einsetzen müssen, um unsere Umwelt und dadurch die Natur, Heilung und Gesundheit zu erfahren. Sinneswahrnehmungen können die Arbeit von Geist und Gefühlen beeinflussen. Gerüche, Farben, Geräusche sowie das Tasten und Schmecken haben einen Einfluss auf unsere Ausgeglichenheit und Harmonie. Werden die Doshas gestört, können unsere Sinne sie wieder ausrichten.

Heilende Sinne

Viele alternative Therapien setzen unsere Sinne zur Behandlung ein. So werden z. B. in der Kräuterkunde die Kräuter nach Geschmack sortiert, während Mantras die Wiederholung von Tonfolgen darstellen. Aromatische Öle sprechen die Gefühlszentren im Gehirn an und werden z. B. bei der Massage, die auch den Tastsinn verfeinern kann, verwendet.

Stärken der Doshas

*Die Sinne der einzelnen Dosha-
Typen haben unterschiedliche
Stärken. Vata wird etwa durch
gutes Hören und einen guten
Geschmackssinn charakterisiert.*

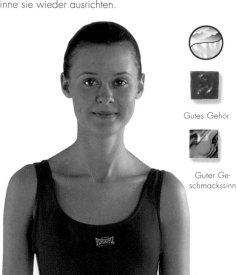

Gutes Gehör

Guter Ge-
schmackssinn

Gute Sehkraft

Guter
Geruchssinn

Guter
Geschmacks-
sinn

Harmonie erreichen

Die fünf Sinne entsprechen den fünf Elementen. Geräusche werden durch den Äther übertragen. Luft, die nach der ayurvedischen Lehre mit dem Nervensystem zusammenhängt, entspricht dem Tastsinn, Feuer dem Sehen, Wasser ist unerlässlich für den Geschmack und Erde ist mit dem Geruchssinn verbunden. Sind alle Sinne im Gleichgewicht, d. h. werden sie ihrem Zweck entsprechend eingesetzt, haben wir eine bessere Verbindung zur Umwelt und erreichen leichter Harmonie. Ein Training der Sinne bedeutet, sie gleichmäßig zu nutzen. Vernachlässigen wir z. B. den Geschmackssinn, indem wir längere Zeit fade, ungesunde Lebenmittel essen, geraten wir ins Ungleichgewicht. Alle Sinne müssen gleichmäßig genutzt und trainiert werden.

Pitta und Kapha

Der Pitta-Typ links hat möglicherweise eine hervorragende Sehkraft, während beim Kapha-Typ en eher der Geruchs- und der Geschmackssinn stark ausgeprägt sind.

Im Einklang mit der Natur

Natürliche Ursachen
Unsere Umwelt kann starken Einfluss auf die Gesundheit und das Wohlergehen haben.

Nach der ayurvedischen Lehre ist der Mensch genauso aufgebaut wie das Universum und die Welt um ihn herum, d. h. der Mikrokosmos ist ein exaktes Abbild des Makrokosmos. Aus diesem Grund ist unsere Gesundheit untrennbar mit dem Universum und den Rhythmen der Natur verbunden. Die ayurvedischen Heiler glauben, dass wir das Gleichgewicht unserer inneren Energie auf natürliche Weise regeln können, wenn wir uns von der Welt, die uns umgibt, leiten lassen. Der Rhythmus des Zunehmens und Abnehmens um uns herum ist von zentraler Bedeutung für Körper und Geist. Pflanzen und Tiere, die kein wirkliches Zeitverständnis haben, richten ihr Leben nach dem Rhythmus der Natur. Für ein gesundes Leben müssen wir uns ebenfalls diesem Rhythmus anpassen.

Ayurveda kennt vier saisonal bedingte Zyklen, die auf Männer und Frauen gleichermaßen zutreffen. Für die körperliche Gesundheit ist es unerlässlich, in jedem Zyklus einen Lebensrhythmus zu entwickeln. So gelangen Sie auf den Pfad, der für Sie und Ihr Dosha am besten geeignet ist.

Chronobiologie

Dieser Bereich der Biologie untersucht die Zusammenhänge zwischen Ereignissen im Leben und den natürlichen Gesetzen der zeitlichen Abfolge. Es gibt eine Verbindung zwischen dem natürlichen Rhythmus des Universums und dem menschlichen Biorhythmus

Gelingt uns die Harmonie mit den
Rhythmen von Tag, Jahreszeit, Jahr
und denen des momentanen Lebens-
abschnitts (s. S. 138–139), leben wir
effizienter und fühlen uns wohl.

Tag und Nacht

Vom Sonnenaufgang bis zum Vormittag
ist Kapha-Zeit. Der Körper wird durch
das Sonnenlicht angeregt. Vormittags
bis nachmittags ist Pitta besonders aktiv.
Danach tritt immer mehr Vata in Erscheinung, das seinen Höhepunkt zum Sonnenuntergang erreicht. Kapha herrscht
wieder von der Dämmerung bis ins
erste Drittel der Nacht. Pitta regiert die
Stunden um Mitternacht und Vata sammelt sich in der Zeit vor dem Sonnenaufgang. Im Laufe von 24 Stunden ist Pitta
während des Tages dominant, Vata beherrscht Sonnenaufgang und Dämmerung und Kapha regiert die Nacht.

Dosha-Zeit

Die Verwendung von Doshas als Leitlinien beim
Essen, Arbeiten und Trainieren verbessert die
Effektivität und die Harmonie des Tages.

Natürlicher Zyklus
Unser Körper arbeitet im Gleichklang mit der Drehung der Erde um die Sonne.

DIE AYURVEDISCHE UHR
Der Einfluss der drei Doshas ist je nach Tageszeit unterschiedlich. Ayurveda unterteilt die 24 Stunden eines Tages in zwei Hauptzyklen, die wiederum in jeweils drei Phasen aufgeteilt werden. Jede Phase wird von einem Dosha beherrscht.

Mittags ist die beste Zeit zum Essen. Sie wird von Pitta regiert.

Vata regiert in der Zeit von zwei bis sechs Uhr morgens und nachmittags. Dies ist oft die beste Zeit für körperliche oder geistige Aktivitäten. Trotzdem sollten Sie es in der Vata-Zeit nicht mit Arbeit oder Sport übertreiben.

10 Uhr

14 Uhr

Tageszeit
Nutzen Sie die Doshas für Ihre Tagesplanung und fördern Sie Ihr Wohlbefinden.

Am besten meditiert man in der Kapha-Zeit.

6 Uhr/18 Uhr

Die Vata-Zeit ist gut für geistige Arbeit.

Pitta ist zur Tages- bzw. Nachtmitte am aktivsten. In der mittäglichen Phase haben wir am meisten Kraft. In dieser Zeit sind wir oft hungrig. Pitta setzt das Essen in Energie um, daher sollte man die Hauptmahlzeit mittags essen. Nachts verwendet Pitta sein Feuer, um den Körper beim Schlafen warm zu halten.

Kapha ist am frühen Morgen und am frühen Abend vorherrschend. Typische Kapha-Störungen, z. B. Sinusinfekte, Schleimbildung und Asthma, können zu dieser Zeit verstärkt auftreten. Nutzen Sie die Kapha-Zeit (besonders morgens) um Körper und Geist (durch Yoga, Meditation und Reinigungstherapie) zu reinigen.

Den Tag beenden
Übereinstimmung mit den verschiedenen Doshas hilft bei Training, Schlaf und Entspannung.

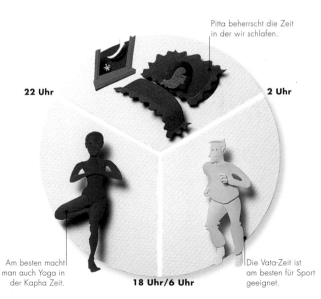

Pitta beherrscht die Zeit in der wir schlafen.

22 Uhr

2 Uhr

Am besten macht man auch Yoga in der Kapha Zeit.

18 Uhr/6 Uhr

Die Vata-Zeit ist am besten für Sport geeignet.

Die Jahreszeiten

Ritucharya
*Die jahreszeitlichen Übungen
Ritucharya sind wichtig für Kraft,
Gesundheit und Energie.*

So wie unser Körper und Geist von
der Tageszeit beeinflusst werden,
sind beide auch abhängig von
den Jahreszeiten. Dies ist teilweise
darauf zurückzuführen, dass unser Körper auf die unterschiedlichen Licht-, Tem-
peratur- und Klimaverhältnisse reagiert.
In Indien gibt es sechs Jahreszeiten:
Shishira (Winter), *Vasantha* (Frühling),
Greeshma (Sommer), *Varsha* (Regenzeit), *Sarath* (Herbst) und *Hemantha* (die
kalte Zeit vor dem Winteranfang). Bei
uns haben wir nach der ayurvedischen
Sichtweise drei Jahreszeiten: Kapha-

Saison (Mitte März – Mitte Juni), Pitta-
Saison (Mitte Juni – Mitte Oktober)
und Vata-Saison (Mitte Oktober –
Mitte März).

Mit den Jahreszeiten leben

Auf den Wechsel der Jahreszeiten sollte
man sich mit einem Entgiftungsprogramm für Körper und Geist (s. S. 74)
vorbereiten. Pitta-Störungen treten meist
am Anfang seiner Saison auf, während
Vata-Störungen sich im Spätherbst
häufen. Kapha-Probleme treten verstärkt
während der indischen Regenzeit, also
in der Zeit vor Winter- bzw. Sommer-
anfang, auf.

Wenn Sie sich in einer Jahreszeit befinden, die Ihrem Dosha-Typ entspricht,
sollten Sie besonders vorsichtig sein.
Doshas neigen in dieser Zeit häufiger
zum Ungleichgewicht. Vermeiden Sie
den längeren Aufenthalt in Temperaturen, die für Ihre Doshas ungeeignet
sind. So sollten z. B. Vata-Typen große
Kälte, Wind, Regen oder Schnee
vermeiden, während sehr hohe
Temperaturen oder extrem trockenes

Wetter für Pittas ungünstig sind. Es wird außerdem empfohlen, dass Sie Ihre Ernährung Ihrer persönlichen Konstitution entsprechend den Jahreszeiten anpassen (s. S. 162–163).

Im Allgemeinen sollte sich jeder darüber bewusst sein, wie der Wechsel der Jahreszeiten den Körper beeinflusst und sich entsprechend verhalten, um jede unnötige Belastung des Körpers zu vermeiden. So sollte man im Sommer z. B. viel kaltes Wasser trinken und Speisen kochen, die das Pitta nicht reizen. Eine protein- und kohlehydratreiche Ernährung wirkt kühlend. Von heißen Bädern wird abgeraten. Im Winter sammeln sich Abfallstoffe, die den Energiefluss blockieren. Dies ist die Zeit für warme Mahlzeiten, warme bzw. heiße Getränke sowie warme Kleidung und heiße Bäder.

Jahreszeiten der Doshas

In den meisten Ländern dominiert Kapha im Frühling und Pitta im Sommer. Vata hat seinen Höhepunkt im Herbst und nimmt danach beständig ab. Kapha beginnt im Winter wieder anzusteigen.

DER LEBENSRHYTHMUS

Ein dritter Zyklus beeinflusst ebenfalls die drei Doshas. Unser Leben unterteilt sich in drei Abschnitte: Jugend, mittleres Alter und Alter. Jeder Abschnitt hat andere Merkmale, die den drei Doshas entsprechen. Während jeder Phase ist eine Anpassung der Ernährung, des Lebensstils und der Behandlungen an das Doshas, das unausgeglichen zu werden droht, sinnvoll. Achten Sie immer auf das Dosha, das Ihren momentanen Lebensabschnitt beherrscht, und leben Sie harmonisch mit den Zyklen der Natur.

Familiäre Harmonie
Versteht man, welches Dosha in den verschiedenen Lebensabschnitten dominiert, fördert dies Gesundheit und Harmonie.

Kindheit und Jugend

Die Kindheit wird als Kapha-Zeit angesehen. Von der Geburt bis zum zu einem Alter von 20–30 Jahren können wir erwarten, überwiegend an Kapha-Störungen wie Erkältungen, Husten und Asthma zu leiden. Es ist die Phase der körperlichen, emotionalen und intellektuellen Entwicklung.

Aktives Leben

Während der Pitta-Phase in den mittleren Jahren sollten wir regelmäßig Sport ausüben.

Die mittleren Jahre

Pitta beherrscht die Phase von 20–30 und von 50–60. Dieser Abschnitt wird durch ein aktives, ausgefülltes und eigenständiges Leben charakterisiert. In dieser Zeit treten hauptsächlich Pitta-Störungen auf.

Das Alter

Der letzte Abschnitt unseres Lebens wird von Vata dominiert. Es nimmt nach dem 50. oder 60. Lebensjahr kontinuierlich zu. Typische Probleme wie Arthritis, Gedächtnisschwund, Falten und Verstopfung treten verstärkt auf. Die Regenerationskräfte schwinden zunehmend. Wir profitieren von einer angepassten Ernährung und einer geringeren körperlichen Aktivität.

Ayurveda im täglichen Leben

Das tägliche ayurvedische Programm heißt *Dinachariya*. Es bietet Richtlinien an, die uns bei der Optimierung unseres Wohlbefindens helfen.

Indem wir einem Lebensstil folgen, der im Einklang mit dem natürlichen Tagesrhythmus ist, stärken wir unsere angeborene Kraft und Intelligenz. Ayurveda empfiehlt, dass man jeden Tag des Jahres so weit wie möglich gleich gestaltet. Dies stabilisiert unsere Gefühle. Es ist wichtig, einen harmonischen Tagesrhythmus zu entwickeln.

Der Morgen

• Stehen Sie, wenn möglich, noch vor Sonnenaufgang auf. Der Körper arbeitet zu dieser Zeit am besten. Nehmen Sie sich Zeit, Ihren Tag zu planen.

• Leeren Sie Blase und Darm. Trinken Sie zur Anregung und Unterstützung ein Glas lauwarmes Wasser.

• Reinigen Sie Zähne, Zunge, Hände und Gesicht. Eine saubere Zunge ist wichtig für den Geschmackssinn. Es gibt spezielle ayurvedische Zahnpasten und Mundwässer.

• Ziehen Sie zwei Tropfen Sesamöl in jedes Nasenloch. Dies fördert den Geruchssinn.

• Massieren Sie sich täglich, wenn Sie ein Vata-Typ sind – seltener als Pitta- oder Kapha-Typ (s. S. 82–83).

• Machen Sie noch vor dem Frühstück etwas Sport. Das verbessert Ihren Kreislauf und stabilisiert die Doshas. Yoga ist ideal, das es jederzeit überall ausgeübt werden kann. Wählen Sie Übungen, die Ihrem Dosha-Typ entsprechen (s. S. 114–115).

• Duschen oder baden Sie. Sauberkeit ist am Tagesanfang sehr wichtig.

• Ziehen Sie saubere, bequeme Kleidung an und finden Sie einen Ort zum Meditieren.

• Meditieren Sie 20–30 Minuten oder länger, je nachdem wie viel Zeit Sie morgens zur Verfügung haben.

• Nehmen Sie vor 8 Uhr ein leichtes Frühstück zu sich.

• Putzen Sie Zähne und Zunge nach jeder Mahlzeit.

• Gehen Sie kurz spazieren, um die Verdauung anzuregen.

Der Tag

• Nutzen Sie die Stunden mit Tageslicht zum Arbeiten oder Studieren.

• Essen Sie ein gesundes Mittagessen — Ihre Hauptmahlzeit. Wählen Sie Lebensmittel, die der Jahreszeit und Ihrer Konstitution entsprechen. Essen Sie nicht zu viel. Die richtige Menge können Sie in zwei Händen halten.

• Essen Sie in einem normalen Tempo, weder schnell noch langsam. Schweigen Sie beim Essen. Getränke zum Essen schwächen die Verdauung.

Der Abend

• Zum Sonnenuntergang sollten Sie nochmals 10–20 Minuten meditieren.

• Nehmen Sie Ihr Abendessen früh ein, damit es verdaut ist, bevor Sie ins Bett gehen. Es sollte generellleicht verdaulich sein. Gehen Sie wiederum spazieren, um die Verdauung anzuregen.

• Tun Sie Dinge, die Ihnen Spaß machen.

• Gehen Sie möglichst vor 22 Uhr zu Bett. So können Sie einschlafen, wenn die Kapha-Energie vorherrscht, die den Schlaf fördert. Von 22–2 Uhr dominiert die Pitta-Energie, was einen weniger erholsamen Schlaf bedeuten könnte.

Kosmische Hinweise
*In Indien ist es üblich, einen
vedischen Astrologen zu befragen,
ob die Sterne verantwortlich
für Krankheiten sein könnten.*

ASTROLOGIE Die Astrologie ist ein Zweig der vedischen

Philosophie, der mit Ayurveda eng verbunden ist. Die Heiler erstellen oftmals
astrologische Vorhersagen *(Jyotish)* um herauszufinden, ob Patienten eventuell
zu bestimmten Zeiten für bestimmte Krankheiten besonders anfällig sind. Heilmittel für astrologische Zustände sind z. B. Edelsteine und Mantras. Diese zwei
Arten der Behandlung waren früher Teil der ayurvedischen Ausbildung. Heute
ist viel von diesem Wissen verloren gegangen. Die Astrologie ist kein Teil der
Behandlung bei uns, aber alle Heiler wissen um ihre Wichtigkeit.

Teil des Kosmos
Alle Geschehnisse auf der
Erde und im Universum stehen
miteinander in Verbindung.
Seit Jahrtausenden weiß man,
dass astrologische Einflüsse,
Omen und Zeichen nicht igno-
riert werden können. In Indien
wird der Zeitpunkt der Geburt
exakt festgehalten, damit
Astrologen eine Karte erstellen können, auf der man die
planetarischen Einflüsse auf
das Leben des Kindes sieht.

Das Universum
*Nach der ayurvedischen
Lehre beeinflussen die
Sterne Krankheiten.*

Religiöse Ikonen

Bestimmte Planeten werden im Hinduismus durch Götter repräsentiert.

Planetarische Einflüsse

Die Stellung des Mondes bei der Geburt ist wichtig, um den Prakithi (Konstitutionstyp) zu bestimmen. Die Bewegungen des Mondes haben außerdem Einfluss auf die Heilungsprozesse beim Menschen. Nach der indischen Astrologie treten Krisen bei akuten Erkrankungen meist bei zu- oder abnehmendem Mond auf. Die schwersten Krisen muss der Kranke am 14. Tag (wenn der Mond sich genau gegenüber seiner Position zu Beginn der Krankheit befindet) überstehen. *Nakshatras* (Mondhäuser) haben auch Einfluss auf jeden Bereich des Lebens, z. B. Beziehungen, Karriere und Gesundheit. Andere Himmelskörper, die sich in ungünstiger Position befinden, können ebenfalls Krankheiten beeinflussen. Sie werden bestimmten Beschwerden zugeordnet (s. u.).

Planeten	Krankheiten	Natürliche Hilfen
SONNE (STERN)	Augen- und Blutkrankheiten, Störungen des Nervensystems, Krebs, Virusinfektionen, Herzbeschwerden	Honig, Safran, Kardamom
MOND	Geisteskrankheiten, Fettsucht, gynäkologische und bakterielle Krankheiten, Beschwerden am Harntrakt	Lotus, Koralle
MARS	Virusinfekte, Augen-, Herz-, Verdauungsbeschwerden	Sandelholz
MERKUR	Schlaflosigkeit, Neurosen, Hypertonie, Unfälle	Goldstaub
JUPITER	Diabetes, Rheuma, Arthritis	Pfeffer, Zuckerrohr
VENUS	Sexuelle, gynäkologische und Nierenprobleme	Gewürze
SATURN	Nierenprobleme, Rheuma, Arthritis	*Shatavari (asparagus racemosus)*
RAHU	Unfälle, chirurgische Komplikationen	*Multanga (cyperus rotundus)*
KETU	Unfälle, chirurgische Komplikationen	*Brahmi (centella asiatica)*

Das ayurvedische System **Astrologie**

GEHEIME KÜNSTE

Der Einfluss des Mondes

Göttliche Planeten
Die Verehrung bestimmter Planeten ist Teil der spirituellen Heilung.

Die Astrologie ist das Barometer des Karma und enthüllt die Einflüsse, unter denen man geboren wurde. In der vedischen Astrologie ist die Position des Mondes sehr wichtig. Die 27 Nakshatras (Mondhäuser) sind die Grundlage, um jedes große Ereignis im Leben (von der Hochzeit bis zum Umzug) zu analysieren oder zu planen. Außerdem legen sie den Konstitutionstyp

Fische	Widder	Stier	Zwillinge
Teil des Poorvabhadra	Aswini	Teil des Kartika	Teil des Mrgasirsa
Teil des Uttrabadhra	Bharani	Rohini	Ardra
Revati	Teil des Kartika	Teil des Mrgasirsa	Teil des Punarvasu

Krebs	Löwe	Jungfrau	Waage
Teil des Punarvasu	Makha	Teil des Uttra	Teil des Chitra
Pushya	Pubba	Hasta	Swati
Aslesha	Teil des Uttra	Teil des Chitra	Teil des Visakha

Skorpion	Schütze	Steinbock	Wassermann
Teil des Visakha	Moola	Teil des Uttrabadhra	Teil des Poorvabhadra
Anuradha	Poorvabhadra	Sravana	Stabisha
Jyeshta	Teil des Uttrabadhra	Teil des Dhanista	Teil des Dhanista

fest. Sie werden sogar dazu benutzt, den besten Tag für eine Behandlung zu bestimmen. So sollten eine Behandlung nicht an einem Tag beginnen, an dem sich der Mond in der gleichen Position befindet wie zu Ihrer Geburt, oder während *Chandrashtama* (s. u.). Die Mondhäuser sind in der Tabelle aufgelistet, jeweils unter dem Sternzeichen, in dem sie sich befinden.

Mondphasen

Der Weg des Mondes in das achte Haus wird *Chandrashtama* genannt. Diese Phase macht sich durch zwei schwierige Tage bemerkbar und tritt mindesten einmal pro Monat auf.

Um auszurechnen, wann sich der Mond im *Chandrashtama* befindet, müssen Sie wissen, wo er am Tag Ihrer Geburt war (Sternzeichen). Zählen Sie von dort aus acht Häuser weiter. Wenn Ihr Geburtsmond sich z. B. im Sternzeichen Widder befand, werden die Tage, in denen der Mond das Sternzeichen Skorpion durchwandert, immer schwierig für Sie sein.

Lapis Lazuli
*Dieser bunte Stein hilft Kaphas,
ihr Energieniveau zu verbessern.*

EDELSTEINTHERAPIE

Eine gute Methode, astrologisch bedingten Krankheiten zu begegnen, ist die Edelsteintherapie. Die Kraft der Steine, die verschiedenen Krankheiten zugeordnet werden (s. Tabelle), wird von vedischen Astrologen sehr ernst genommen. Sie können genau feststellen, welche Steine oder Kristalle gemäß den Gegebenheiten Ihres Geburtshoroskops anzuwenden sind.

Schutz
*Der Einfluss der Planeten
auf Körper und Geist wird
durch das Tragen von
Edelsteinen vermindert.*

Edelsteintherapie
*Ein ayurvedischer Heiler wird
den richtigen Edelstein nach
Ihrem individuellen Horoskop
ermitteln können.*

Heilender Trank
*Wasser nimmt die Kraft des Steins auf.
Legen Sie ihn über Nacht ein und
trinken Sie das Wasser morgens.*

Beruhigender Schmuck
*Einen Edelstein auf der Haut zu
tragen hilft, seine heilenden
Kräfte in sich aufzunehmen.*

Vata-Stein
*Amethyste sollen ein
Vata-Ungleichgewicht
beheben.*

Häufige Krankheiten	Edelsteine
Rheuma und muskuloskeletale Beschwerden	ROTE KORALLE, SMARAGD, PERLEN, BLAUER SAPPHIR, RUBIN
Diabetes, Krankheiten des Verdauungssystems	ROTE UND WEISSE KORALLE, SMARAGD
Krankheiten des Nervensystems	BLAUER SAPPHIR
Psychologische Störungen, Hysterie	NACHTS SMARAGD, TAGSÜBER ROTE KORALLE
Hautkrankheiten	WEISSE KORALLE, GELBER SAPPHIR
gynäkologische Beschwerden, Probleme mit dem Harntrakt	PERLEN, DIAMANT, ROTE KORALLE, GELBER SAPPHIR, SMARAGD, TOPAZ
Zahnschmerzen	SAPPHIR, ROTE KORALLE
Hals-, Nasen-, Ohrenkrankheiten	GELBER SAPPHIR, WEISSE KORALLE
Blutkrankheiten	BLAUER SAPPHIR, SMARAGD, RUBIN

Edelsteine anwenden

Sorgfältige Auswahl
*Der falsche Stein kann Krank-
heiten verschlimmern, während
der richtige Stein bei der
Heilung mitwirken kann.*

Obwohl die Edelsteintherapie
in enger Verbindung mit der
Astrologie steht, wird sie auch
separat angewendet. Edelsteine und
Kristalle haben heilende Merkmale und
können zur Behandlung einiger Krankheiten eingesetzt werden. Manche
Steine können das Dosha anheben
oder verringern. Sie können Edelsteine
und Kristalle jeden Tag zur Beeinflus-
sung von Gesundheit und Wohlergehen
nutzen. Probieren Sie einen der
folgenden Wege aus, je nach Dosha.

Vata

Topaz ist eine warmer Stein, der tradi-
tionell dazu verwendet wird, Angst-
gefühle zu zerstreuen. Er beruhigt
Gefühle und lindert Angstzustände.
Tragen Sie einen Topaz, wenn Sie sich
sicher fühlen wollen.

Amethyst ist ein guter Kristall zur
Ausbalancierung von Vata. Er fördert
Denkfähigkeit und Harmonie.

Pitta

Perlen und Perlmutt können Entzündungen verringern. Sie werden außerdem
zur Behandlung von Rheuma, Knochen-
erkrankungen und muskuloskeletalen
Beschwerden benutzt. Naturperlen
sollten Ihre erste Wahl sein, aber auch
Zuchtperlen sind effektiv. Fangen Sie
an, die Perlen an einem Montag (der
Mond-Tag) bei Neumond zu tragen.
Tragen Sie keine Perlen, wenn Sie an
einer Kapha-Störung, z. B. einer
Erkältung, leiden. Ein Mondstein ist
ein geeigneter Edelstein zum Abbau
von überschüssigem Pitta, da er die
Gefühle beruhigt und kühlend wirkt.

Kapha

Überschüssiges Kapha kann durch das Tragen von Lapis Lazuli verringert werden, da dieser Stein Kapha-Typen hilft, ihre körperlichen Ausstrahlung zu verbessern. Lapiz Lazuli ist auch als Himmelsstein bekannt. Rubine mindern auch einen Kapha-Überschuss. Tragen Sie diese Steine in Gold oder Silber eingefasst, um Stärke und Entschlossenheit zu fördern.

Edelsteine anwenden

Zur Aufnahme der Energie aus Edelsteinen oder Kristallen stellen Sie am besten eine Essenz her (den Stein über Nacht in Wasser einlegen) und trinken sie am nächsten Morgen. Stellen Sie vorher sicher, dass das Mineral nicht giftig ist oder sich auflöst. Sie können einen Edelstein auch direkt auf der Haut tragen.

Edelsteine und die Chakras

Edelsteine beeinflussen vermutlich die Chakras. Tragen Sie einen in der Nähe des Herz-Chakras, beeinflusst er Ihre emotionale Energie.

ERNÄHRUNG & LEBENSSTIL

Nach der ayurvedischen Lehre ist die gesunde Lebensführung ein täglicher Balanceakt, bei dem Sie jeden Bereich bedenken sollten: Körper, Geist und Seele. Die Ernährung und der Lebensstil bilden die Grundlagen von Ayurveda und jede andere Behandlung wird nur halb so wirkungsvoll sein, wenn Sie sich nicht auf diese Grundprinzipien achten. Das ayurvedische Heilsystem begründet sich auf dem Glauben, dass alle Krankheiten vom Verdauungssystem her stammen. Es stützt sich daher zu einem großen Teil auf die Ernährung. Sobald Sie gelernt haben Ihrem Dosha-Typ entsprechend zu essen und zu leben, können Sie beginnen, Ihren Vikruthi-Zustand (Unausgeglichenheit) heilen und in Harmonie leben.

Einfache Richtlinien für ein gesundes Leben

Ruhezeit
Schaffen Sie in Ihrem Leben Zeit für Meditation. Sie beruhigt Geist und Seele.

Ayurvedische Heiler glauben, dass fröhliche und positive Menschen ihre Gesundheit und ihr Wohlbefinden ganz von selbst fördern. Dieser Glaube hat sich auch in der wissenschaftlichen Forschung durchgesetzt. Optimismus kurbelt das Immunsystem an und fördert die Langlebigkeit. Die folgenden Regeln sind Empfehlungen für ein positives Leben. Sie sind für die meisten Menschen anwendbar, aber Ihr Heiler wird ggf. andere Regeln vorschlagen, je nach Ihren Symptomen und Ihrem Dosha.

In Ruhe essen

Wählen Sie Speisen, die gut aussehen und schmecken. Essen Sie in einer entspannten Atmosphäre. Versuchen Sie, immer zur gleichen Zeit zu essen, kauen Sie gründlich und essen Sie langsam.

Essen Sie niemals, wenn Sie nicht hungrig sind und entspannen Sie sich nach der Mahlzeit. Ein Spaziergang regt die Verdauung an.

Den Geist beruhigen

Unterdrücken Sie keine Gefühle oder Gedanken. Ist es Ihnen nicht möglich, sie auszudrücken, schreiben Sie sie nieder oder reden Sie mit einem Freund darüber. Meditieren Sie täglich, um Körper, Geist und Seele zu vereinen.

Entspannen Sie sich jeden Tag. Nutzen Sie bei Bedarf ätherische Öle, um

Ihr Dosha zu beruhigen. Schlafen Sie nicht auf dem Rücken oder dem Bauch, da die Energiezentren besser reagieren, wenn Sie auf der Seite schlafen.

Beziehen Sie Massage (s. S. 82–85) in Ihren Tagesablauf ein und nehmen Sie danach ein Bad. Trainieren Sie nach den Bedürfnissen Ihres Doshas (s. S. 106–107). Die meisten brauchen eine tägliche Übungseinheit, z. B. Yoga.

Energie sparen

Sitzen Sie nicht zu lange am Computer. Meiden Sie langwierige intellektuelle Aktivitäten, die das Vata reizen. Masturbation und Oralsex werden als Energieverschwendung angesehen, es bleibt jedoch Ihre Entscheidung.

Moralische Prinzipien

Leben Sie nach dem ayurvedischen Prinzip: Widerstehen Sie negativen Gedanken, nehmen Sie Abstand von verbaler und physischer Gewalt, geben Sie Gier und Traurigkeit nicht nach, halten Sie nicht an Ärger fest und vermeiden Sie Stolz, Arroganz und Egoismus.

DIE AYURVEDISCHE ERNÄHRUNG

Essen soll Energie (Prana) spenden sowie den Körper und den Geist ernähren. Eine gute Ernährung gewährleistet, dass Ihr Gewicht in Ordnung ist und Sie sich lebendig, körperlich stark und gesund fühlen. Ihre Ernährung sollte nach den Jahreszeiten, Ihrer individuellen Konstitution und einem eventuellen Dosha-Ungleichgewicht ausgewählt werden. Gesundheit und Wohlbefinden hängen davon ab, wie gut das Verdauungssystem den Körper mit Nährstoffen versorgt. Dies wird nicht nur durch die Wahl der Speisen, sondern auch durch ihre Zubereitung und Aufnahme beeinflusst.

Lebensmittelgruppen

Lebensmittel werden in zwei Gruppen aufgeteilt: schwere und leichte. „Schwere" Nahrungsmittel wie Kartoffeln, Brot und Reis sind schwer verdaulich, während „leichte" wie gekochtes Gemüse und Säfte leicht verdaulich sind. Eine ausgewogene Mahlzeit besteht zu drei Teilen aus schweren und zu einem Teil aus leichten Lebensmitteln. Essen Sie abends eher leichte Speisen, um die Verdauung nicht unnötig zu belasten.

Milchprodukte
Milch, Butter und Sahne sind süß und sollten nicht mit sauren Speisen verzehrt werden.

Schwere Lebensmittel
Drei Viertel der Ernährung sollten aus schweren Lebensmitteln wie Brot und Körnern bestehen.

Essgewohnheiten

Da das Verdauungssystem in der ayurvedische Lehre so wichtig ist, sollten wir immer bedenken, was und wie wir essen. Es wird dringend davon abgeraten, beim Essen fernzusehen oder ein Buch zu lesen.

Separat essen

Früchte sollten immer separat gegessen werden.

Reine Ernährung

Für die einzelnen Doshas werden verschiedene Speisen empfohlen, aber das Wichtigste ist, so oft wie möglich frische, unbehandelte Nahrungsmittel zu essen. So vermeiden Sie eine Ansammlung von Giftstoffen.

Fisch

Fisch ist sehr gesund, sollte aber nicht mit Milch gekocht oder gegessen werden.

Erfrischungen

Trinken Sie viel, nehmen Sie aber während des Essens nur kleine Schlucke Wasser zu sich.

Ernährungsrichtlinien beim Ayurveda

Mit Umsicht essen
Die Wahl Ihrer Speisen und Ihre Essgewohnheiten verhelfen Ihnen zu einer gesunden Verdauung.

Eine gesunde Ernährung lässt auch Ausnahmen zu. Ayurvedische Heiler empfehlen, Ihre Essgewohnheiten nach den weiter aufgeführten Richtlinien umzustellen, um eine effektive Arbeit der Verdauung zu ermöglichen. Diese Richtlinien sind ist jedoch nicht als kurzfristige Diät, sondern als eine ganz neue Ernährungsmethode gedacht, die Ihre Gesundheit und Ihre Vitalität in der Zukunft beeinflussen wird.

Essenszeit

Zwischen den Mahlzeiten sollten drei bis sechs Stunden liegen, damit das vorhergehende Essen ordentlich verdaut werden kann. Wenn Sie vernünftig essen, sind Zwischenmahlzeiten nicht nötig. Das Mittagessen (12–13 Uhr) sollte die größte Mahlzeit sein. Das Abendessen (nicht nach 19.30 Uhr) kann entsprechend leichter ausfallen.

Essen Sie weder zu schnell noch zu langsam. Essen Sie nicht, wenn Sie nervös, wütend oder ängstlich sind. Dies ist einer guten Verdauung abträglich. Ebenso sollten Sie nicht essen, wenn Sie durstig sind, bzw. trinken, wenn Sie hungrig sind. Trinken Sie grundsätzlich nur einige Schlucke Wasser zum Essen.

Lebensmittel auswählen.

Denken Sie beim Einkauf an die Jahreszeiten (s. S. 136–137) und an die Doshas. Wählen Sie nur hochwertige Produkte. Regional produzierte Lebensmittel sind die besten. Jede Mahlzeit sollte mindesten drei der sechs Geschmacksrichtungen (s. S. 158–161) beinhalten. Das Essen sollte frisch zubereitet und warm sein. Verwenden Sie Gewürze, welche die Verdauung fördern.

Obst ist als Frühstück ideal. Sie können verschiedene Obstsorten verwenden, sollten diese aber nicht mit anderen Lebensmitteln kombinieren.

Saure Milchprodukte, z. B. Jogurt, sollten nicht zur gleichen Zeit wie süße Milchprodukte, z. B. Milch, zu sich genommen werden. Essen Sie nie Milchprodukte zusammen mit stärkehaltigen Produkten.

Rohe Lebensmittel, z. B. Müsli oder Salat, sollen nicht zusammen mit gekochten Speisen verzehrt werden.

Hygiene

Halten Sie die Umgebung, in der Sie Ihre Mahlzeiten zubereiten und essen, immer sauber und ordentlich.

GESCHMACK UND DOSHAS

Die Energie der sechs Geschmacksrichtungen wirkt auf die Doshas und bringt einen unbalancierten Körper wieder ins Gleichgewicht. Ein Dosha kann verstärkt oder geschwächt werden, je nach Eigenschaften des Geschmacks. Dies beeinflusst alle Abläufe im Körper, beschleunigt oder verlangsamt sie, heizt auf oder kühlt ab. Eine ausgewogene Ernährung sollte mindestens die drei Geschmacksrichtungen beinhalten, die Ihrer Konstitution entsprechen.

Welche Lebensmittel?

Wählen Sie Lebensmittel, welche die Energie Ihres dominanten Doshas verringern und Ihr untergeordnetes Dosha stärken. Ein Kapha-Typ sollte z. B. Speisen essen, die Kapha reduzieren und Vata und Pitta stärken.
Grundsätzlich kann man sagen, dass

- süß, sauer und salzig Kapha steigert und Vata abschwächt.
- scharf, bitter und streng Vata stärkt und Kapha schwächt.
- sauer, salzig und scharf Pitta steigert.
- süß, bitter und streng Pitta verringert.

Süße/saure Lebensmittel

Süße Lebensmittel lindern Vata und Pitta und stärken Kapha. Saure Lebensmittel steigern Pitta und Kapha.

SAURE LEBENSMITTEL

SÜSSE LEBENSMITTEL

Ein Gleichgewicht

Im Idealfall sollte jede Mahlzeit alle drei Rasas enthalten, die Ihr Dosha lindern. Dies hat eine ausgleichende Wirkung auf die drei Lebensenergien Vata, Pitta und Kapha.

Vata

Rindfleisch süß-sauer mit
Gemüse ist für Vatas ideal.

Pitta

Reis, Fisch und Salat sind
optimal für Pittas, die von süß,
bitter und streng profitieren.

Feucht und trocken

Die verschiedenen Merkmale der Geschmacksrichtungen heben oder senken die Feuchtigkeit im Körper. Scharf, streng und bitter wirken trocknend, süß, salzig und sauer befeuchtend. Eine Vata-Eigenschaft ist Trockenheit. Bei einem Überschuss sollten Sie befeuchtende Speisen essen.

Kapha

Strenger Spargel ist gut für
Kaphas, die auch scharfe und
bittere Speisen essen sollten.

Die Geschmacksrichtungen

Welcher Geschmack?
Jedes Dosha wird von den sechs Geschmacksrichtungen beeinflusst. Sie können Probleme lindern oder verstärken.

Das Sanskrit-Wort für Geschmack ist *Rasa* – „das Wesentliche". Es weist darauf hin, wie wichtig der Geschmack in der ayurvedischen Heilkunst ist. Rasa spiegelt die wahren Eigenschaften der Pflanze oder des Nahrungsmittels wieder und wird bei jeder Behandlung mit beachtet.

Der Geschmack regt das Nervensystem an und beeinflusst auch alle anderen Systeme im Körper. Er belebt Prana (die Lebensenergie) und erhellt den Geist. Weiterhin wird Agni

Geschmack	Element	Nahrungsmittel
SÜSS	Erde & Wasser	Butter, Erbsen, Gerste, Früchte wie Birnen und Bananen, Ghee, Hafer, Kohl, Linsen, Milch, Reis, Roggen, Sahne, Sesamöl, Stärke, Trauben, Weizen, Zucker, Zwiebeln
SALZIG	Feuer &. Wasser	Tafel- oder Meersalz
SAUER	Erde & Feuer	Essig, Gurken, Hagebutten, Jogurt, Käse, Schattenmorellen, Zitrusfrüchte
SCHARF	Feuer & Luft	Chili, Dill, Ingwer, Kamille, Kreuzkümmel, Kümmel, Muskatnuss, Paprika, Petersilie, Rettich, schwarzer Pfeffer, Senf, Zimt
BITTER	Äther & Luft	Kaffee, Kurkuma, Nesseln, Rhabarber, Rosenkohl, Rosskastanie, Spinat und andere grüne Blattgemüse
STRENG	Erde & Luft	Äpfel, Auberginen, Bananen, Birnen, Blumenkohl, Bohnen, Brokkoli, Chicoree, Fenchel, Kräuter wie Hammamelis, Sellerie, Spargel

(Verdauungsfeuer) stimuliert und eine
gute Verdauung gefördert.

Eigenschaften

Alle Lebensmittel werden in sechs Geschmacksrichtungen unterteilt: süß,
salzig, sauer, scharf, bitter und streng.
Jede Geschmacksrichtung besteht
wiederum aus zwei Grundelementen
und hat ganz eigene Merkmale und
Eigenschaften. Süße Nahrungsmittel
wie Zucker und Sahne stärken uns und
wirken abführend. Salz und andere
salzige Speisen sind anregend, beruhigen die Membrane und sind ebenfalls
abführend. Saurer Geschmack, wie
bei Zitrusfrüchten und Gurken, ist
stimulierend und der scharfe Geschmack vieler Gewürze wirkt z. B.
harn- bzw. schweißtreibend und
anregend. Bitter wirkt ebenfalls harntreibend, entgiftend und ausgleichend.
Spinat und andere dunkelgrüne
Blattgemüse sind gute Quellen. Ein
strenger Geschmack saugt
überschüssige Sekretionen auf.
Blumenkohl und Brokkoli liefern
z. B. diesen Geschmack.

GEHEIME KÜNSTE

Wein trinken
Alkohol ist kein Bestandteil einer gesunden Ernährung und sollte selten oder gar nicht getrunken werden.

ESSEN UND DIE JAHRESZEITEN

Appetit und Verdauung ändern sich je nach Jahreszeit. Jede Saison wird von einem der drei Doshas beherrscht (s. S. 136–137), was die Mahlzeiten mitbestimmen sollte. Es gibt aber keine Lebensmittel, die zu einer bestimmten Saison nicht gegessen werden dürfen. Die hier vorgeschlagene Auswahl zielt auf eine ausgewogene Ernährung in jeder Jahreszeit ab, z. B. helfen süße, bittere und strenge Speisen, Pitta im Sommer im Gleichgewicht zu halten.

Kapha (Frühling)
Die meisten Menschen essen im Frühling weniger als im Winter. Einige ayurvedische Heiler sind der Ansicht, dass ein gesunder Mensch in dieser Zeit einen Tag pro Woche fasten sollte (s. S. 180–181).
• Bevorzugen Sie den scharfen, bitteren oder strengen Geschmack.
• Vermeiden Sie Lebensmittel mit einem hohen Säuregehalt.
• Verzichten Sie auf süße Speisen, da der Körper die Extra-Kalorien nur schwer verarbeiten kann.
• Schlafen Sie nur nachts und nicht tagsüber.

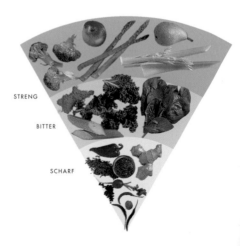

STRENG

BITTER

SCHARF

Pitta (Sommer)

Im Sommer sollten Speisen kühl bis warm anstatt heiß gegessen werden.

• Kalte, weiche Speisen kühlen den Körper.

• Bevorzugen Sie süßen, bitteren oder strengen Geschmack.

• Kochen Sie sparsam, z. B. mit Käse, Jogurt, Tomaten.

• Beginnen und beenden Sie das Essen mit einer süßen Speise.

• Alkohol sollte verdünnt oder vermieden werden.

SÜSS

STRENG

BITTER

Vata (Herbst/Winter)

Während des Winters nimmt die Arbeit des Verdauungssystems zu und schwere Speisen können leichter verdaut werden. Die meisten Menschen essen zu dieser Zeit mehr und vertragen es auch gut.

• Bevorzugen Sie süße, saure oder salzige Geschmacksrichtungen.

• Wählen Sie beruhigende Lebensmittel wie Milch, Reis, Fleisch, Honig und Öl, die zur Jahreszeit passen.

• Gekochte, fettreiche Speisen sind ebenfalls angebracht.

SAUER

SÜSS

SALZIG

Lebensmittelkategorien

Essen für die Gesundheit
Für ein Maximum an Vitalität sollten alle Dosha-Typen so viele Sattvic-Lebensmittel wie möglich essen.

Lebensmittel werden, wie auch der Geist (s. S. 52–53), in drei Kategorien eingeteilt: Sattvic (rein), Rajasic (anregend) und Tamasic (ignorant). Sie repräsentieren hohe, mittlere und niedrige Qualität.

Sie sollten überwiegend Sattvic-Lebensmittel essen, die besonders gesundheitsfördernd sind. Dies ist vor allem wichtig, wenn Sie älter werden, d. h. die Vata-Jahre erreichen (s. S. 138–139). Eine Sattvic-Diät kann das Leben verlängern und Vitalität spenden, wenn sie richtig durchgeführt wird.

Sattvic-Lebensmittel

Diese Lebensmittel sollten qualitativ hochwertig sein. Es handelt sich dabei z. B. um frisches Obst und Gemüse, Trockenobst, Salate, Linsen, Naturjogurt, Milch, frische Butter, Weizen, Roggen, Gerste, Haselnüsse, Mandeln, Vollkornreis und Honig. Sie fördern Gesundheit und Wohlbefinden, was wiederum Geist und Seele beflügelt. Sattvic-Lebensmittel werden empfohlen, um uns jung zu halten.

Rajasic-Lebensmittel

Diese Art von Lebensmitteln wird als mittelmäßig angesehen, selbst wenn die Inhaltsstoffe frisch und unverändert sind. Sie sind eiweißreich und spenden Energie. Rajasic-Lebensmittel sind: Zucker, Fleisch, Fisch, gebratene Speisen, Eier, Kartoffeln und anderes Wurzelgemüse sowie Süßigkeiten.

Da einige dieser Lebensmittel mehrfach verarbeitet werden, sind sie für Körper und Geist nicht mehr so wertvoll. Bis etwa zum 45. Lebensjahr sind kleinere Mengen durchaus akzeptabel, danach jedoch brauchen Sie Ihre überschüssige Energie, um angesammelte Giftstoffe und Ama zu reduzieren.

Tamasic-Lebensmittel

Wir alle essen diese Lebensmittel gern. Es sind z. B. getrocknete (mit Ausnahme von Trockenobst), verunreinigte oder verarbeitete Lebensmittel, konservierte Speisen sowie Junk Food jeder Art. Alkohol ist ebenso Tamasic wie Chips, Pommes, Hamburger, Fertiggerichte und alle anderen Lebensmittel, die Konservierungsstoffe und Geschmacksverstärker enthalten.

Was bewirken diese Lebensmittel? Sie schaden der Gesundheit in jedem Bereich, da sie ein Ungleichgewicht im Körper verursachen, das die geistigen und emotionalen Funktionen beeinträchtig. Die spirituelle Gesundheit leidet ebenfalls darunter.

Stimmungen

Ihre Nahrung beeinflusst Ihre Stimmung. Wenn Sie mehr Sattvic als Tamasic essen, steigern Sie Ihr Wohlbefinden.

Die Vata-Diät
Wählen Sie Ihre Nahrung sorgfältig aus, achten Sie auf Speisen, die wenig Vata enthalten.

LEBENSMITTEL UND DOSHAS

Alle Lebensmittel haben Vata-, Pitta- und Kapha-Eigenschaften und Ihre Ernährung sollte sich nach Ihrem Konstitutionstyp richten. Die Lebensmittel auf den folgenden Seiten sollen Ihr Dosha ausgleichen, wenn es Ihr Typ ist, oder das Dosha reduzieren, wenn Sie an einem Überschuss leiden. Es kann schwierig sein, die richtigen Lebensmittel herauszufinden – besonders, wenn Sie an einer Krankheit leiden, die bestimmte Anforderungen stellt. Fragen Sie ggf. einen Heiler.

Vata-Typen
Vatas oder Menschen, die Vata reduzieren wollen, sollten regelmäßig essen und gebratene Speisen meiden. Trockenheit ist ein Merkmal von Vata. Um ein Gleichgewicht zu erreichen, sollten Vatas schwere, fette und heiße Dinge essen und salzig, sauer oder süß bevorzugen.

Ausgleichende Getränke
Was Sie trinken, ist ebenfalls wichtig. Wählen Sie Getränke, die Ihr Dosha ausgleichen.

• **Kräuter und Gewürze**
Basilikum, Dill, Estragon, Fenchel, Ingwer, Kardamom, Koriander, Kreuzkümmel, Kurkuma, Marjoran, Minze, Muskatnuss, Nelken, Oregano, Paprika, Petersilie, Pfefferminze, schwarzer Senf, Thymian, Vanille

• **Körner und Samen**
Hafer (gekocht), Kürbiskerne, Quinoa, Reis, Sesamkörner, Sonnenblumenkerne, Weizen

• **Bohnen und Hülsenfrüchte**
Linsen, Tofu

• **Nüsse**
Cashewkerne, Haselnüsse, Kokosnuss, Mandeln, Macadamianüsse, Paranüsse, Pekannüsse, Pinienkerne, Pistazien, Walnüsse

• **Fleisch und Fisch**
Ente, Huhn, Meeresfrüchte, Pute, Rind, Shrimps. Vatas sollten viel Fleisch und Fisch essen.

• **Gemüse**
Artischocken, Bohnen, Gurken, Karotten, Kohlrüben, Kresse, Kürbis, Lauch, Okra, Pastinaken, Rettich, Rote Beete, Spargel, Spinat (gekocht), Süßkartoffeln, Tomaten (gekocht), Zucchini, Zwiebeln

• **Früchte**
Ananas, Aprikosen, Avocados, Bananen, Beeren, Datteln, Erdbeeren, Feigen, Grapefruit, Kirschen, Limonen, Mango, Melone, Orangen, Pfirsiche, Pflaumen, Rhabarber, Trauben, Zitronen

• **Milchprodukte**
Eier, Hüttenkäse, Kuhmilch, Ziegenkäse, Ziegenmilch

• **Öle**
Sesam

• **Getränke**
Fruchtsäfte, Gemüsesäfte, Gewürztee, warme Milch, warmes Wasser

RIND
HUHN
EIER

REIS
NÜSSE
HÜLSEN-FRÜCHTE
BOHNEN
OKRA
KAROTTEN
TOMATEN
SPARGEL
ZWIEBELN
LAUCH

Pitta

Die Pitta-Diät
Pitta-Typen müssen abgekühlt werden. Ihr Feuer steigert sich oft bei heißem Wetter.

Pitta-Typen sollten alle heißen, scharfen und sauren Speisen meiden, da diese ihr Dosha reizen. Sie sollten auch auf Gebratenes verzichten. Versuchen Sie, so oft wie möglich rohe Nahrungsmittel zu essen. Eine vegetarische Ernährung ist sehr ratsam. Das Pitta-Dosha ist heiß, deshalb sollten Pittas überwiegend kühle, erfrischende Speisen essen, besonders im Sommer.

Süßwasserfisch
Bevorzugen Sie Süßwasser- statt Meeresfisch und panieren und frittieren Sie ihn nicht.

Gesundes Essen
Pittas sollten viel Salat, Obst und Gemüse essen. Aber geben Sie Acht, einige Sorten können Pitta steigern.

Empfohlene Lebensmittel für Pitta-Typen

• **Kräuter und Gewürze**
Algen, Aloe-Vera-Saft, Basilikum, Dill, Fenchel, Ingwer, Koriander, Kreuzkümmel, Minzblätter, Zimt

• **Körner und Samen**
Basmati-Reis, Flachssamen, Flohsamen, Gerste, Reiskuchen, Sonnenblumenkerne, weißer Reis, Weizen, Weizenkleie

• **Bohnen und Hülsenfrüchte**
Kichererbsen, Kidneybohnen, Limabohnen, Linsen, Mungobohnen, schwarze Bohnen, Sojabohnen und andere Bohnenarten

• **Nüsse**
Kokosnuss, Mandeln

• **Fleisch und Fisch**
Huhn, Kaninchen, Pute, Süßwasserfisch, Wild

• **Gemüse**
Artischocken, Blumenkohl, Brokkoli, Erbsen, Fenchel, grünes Blattgemüse, grüne Bohnen, grüne Paprika, Grünkohl, Gurken, Karotten, Kartoffeln, Kohl, Kohlrüben, Kürbis, Lauch, Pastinaken, Pilze, Rosenkohl, Salat, Sellerie, Spargel, Spinat (gekocht), Süßkartoffeln, Zucchini, Zwiebeln (gekocht)

• **Früchte**
Ananas, Äpfel, Aprikosen, Avocados, Backpflaumen, Beeren, Birnen, Datteln, Feigen, Granatäpfel, Grapefruit, Kirschen, Mango,

Melone, Orangen, Pflaumen, Quitten, Rosinen, rote Trauben, Wassermelone

• **Milchprodukte**
Butter, Ghee, Hütten- und Weichkäse, verdünnter Jogurt, Milch, Ziegenmilch

• **Öle**
Oliven, Sonnenblumen, Soja, Walnuss

• **Getränke**
Fruchtsäfte, Gemüsebrühe, Milch, Milkshakes, Tee (Hibiskus, Löwenzahn, Luzerne, Minze), kaltes Wasser

ZIEGENKÄSE

MILCH

GHEE

BUTTER

JOGURT

APFEL

ORANGE

KOKOS-NUSS

GRAPEFRUIT BIRNE

AVOCADO

MELONE

ANANAS

Die Kapha-Diät
*Kaphas reagieren am besten auf
wärmende, gekochte Speisen
und sollten nur wenig kühlende
essen, außer im Sommer.*

KAPHA
Kapha-Typen sollten vorwiegend gekochte Speisen essen sowie hin und wieder einen Salat. Vermeiden Sie Öle und Fette, es sei denn, sie sind scharf. Milchprodukte sowie süßer, saurer und salziger Geschmack reizen Kapha. Viele Kaphas vertragen Weizen oder tierische Produkte nur schlecht. Ein scharfer, bitterer oder strenger Geschmack wirkt ausgleichend.

Kapha-Früchte
*Beeren, Äpfel, Birnen und
Rosinen sind eine gute Wahl
für Kapha-Typen.*

Eine ausgewogene Diät
*Kapha-Typen sollten Speisen
wählen, die wenig Kapha
enthalten, und sollten möglichst
oft warm essen.*

Empfohlene Lebensmittel für Kapha-Typen

PUTE

FISCH

EIER

• **Kräuter und Gewürze**
Chili, getrockneter Ingwer, Knoblauch, Koriander, Meerrettich, Minzblätter, Petersilie, Pfeffer, Rettich, Senf, Zwiebeln, andere scharfe Gewürze

• **Körner und Samen**
Buchweizen, Couscous, Gerste, Haferkleie, Mais, Polenta, einfaches Popcorn, Roggen, geröstete Kürbis- und Sonnenblumenkerne

• **Bohnen und Hülsenfrüchte**
Adukibohnen, getrocknete Erbsen, Kichererbsen, Limabohnen, rote Linsen, Pintobohnen, Tempeh

• **Fleisch und Fisch**
Eier, Kaninchen, Pute, Shrimps, Süßwasserfisch, Wild

• **Gemüse**
Artischocken, Auberginen, Blumenkohl, Brokkoli, Erbsen, Fenchel, grüne Bohnen, Grünkohl, Karotten, Kartoffeln, Kohl, Kohlrüben, Kresse, Lauch, Mais, Okra, Paprika, Pilze, Rettich, Rosenkohl, Rote Beete, Rüben, Salat, Spinat, Zwiebeln

• **Früchte**
Äpfel, Aprikosen, Backpflaumen, Beeren, Birnen, Granatäpfel, Kirschen, Pfirsiche, Rosinen

• **Milchprodukte**
fettarme Milch, Ziegenmilch, Sojamilch

• **Öle**
Senf, Sonnenblumen

• **Getränke**
Gewürztee (Zichorie, Zimt, Löwenzahn), Karotten- und andere Gemüsesäfte, Mangosaft, Traubensaft

ERBSEN   BOHNEN

LINSEN   SAMEN

Agni, das Stoffwechselfeuer

Das innere Feuer
*Agni entspricht unserem Stoff-
wechsel. Eine gute Verdauung
und ein guter Stoffwechsel sind
unerlässlich für die Gesundheit.*

Agni ist das Verdauungsfeuer, das
unsere Funktionen aufrecht
erhält, wenn es gut arbeitet. Es
beschreibt nicht nur das Verdauungs-
system, sondern auch alle anderen
Bereiche, die mit der Aufnahme,
Verarbeitung und Ausscheidung von
Nahrung zu tun haben, z. B. Leber,
Bauchspeicheldrüse, Gallenblase und
Speicheldrüsen. Ein unausgeglichenes
Agni wird durch Ungleichgewicht der
Doshas, das Essen und Trinken von zu

vielen falschen Nahrungsmitteln und
durch Unterdrückung von Gefühlen
hervorgerufen.

Wird Agni durch zuviel Kapha gestört, verlangsamt sich der Verdauungs-
prozess und wir fühlen uns schwer und
träge. Zuviel Vata führt zu Blähungen,
Krämpfen und wechselweise zu
Durchfall und Verstopfung. Agni sorgt
auch dafür, dass die drei Malas (s.
S. 64–65) gut arbeiten.

Beim Ayurveda ist die Verdauung der
Schlüssel zu einer guten Gesundheit.
Eine schlechte Verdauung produziert
Ama – Abfallstoffe, die Krankheiten hervorrufen können. Man kann Ama als
weißen Belag auf der Zunge sehen,
aber es kann sich auch als Belag im
Mastdarm niederlassen und Blutgefäße
verstopfen. Ama tritt auf, wenn der Stoffwechsel durch ein Ungleichgewicht des
Agni gestört ist.

Viele Faktoren können die Qualität
des Agni beeinflussen. Zu reichhaltiges
oder zu häufiges Essen, schwere
Mahlzeiten, ungesunde Nahrungsmittel
oder zu viel Protein am Abend kann

das Feuer schwächen und dafür sorgen, dass es an Intensität verliert. Schädlich für das Agni ist auch die Hauptmahlzeit am Abend oder beim Essen zu lesen, fernzusehen oder zu streiten.

Agni anregen

Bestimmte Speisen und Gewürze regen die Verdauung an.

• Ingwer stabilisiert Agni bei jedem Konstitutionstyp. Frischer Ingwer wirkt am besten. Trinken Sie vor dem Essen eine Tasse Ingwertee.

• Ghee (Butterreinfett) stärkt Agni, ohne Pitta (das feurige Dosha) zu reizen. Verwenden Sie es anstatt normaler Butter.

• Viele Gewürze verbessern Agni. Dazu gehören schwarzer Pfeffer, Nelken, Kardamom, Senf, Meerrettich, Cayennepfeffer und Zimt.

Eine gesunde Kraft

Wenn Agni optimal arbeitet, können die Körperzellen Nährstoffe aufnehmen. Abfallstoffe werden verbrannt und unsere Verdauung ist in Ordnung. Eine allgemein gute Gesundheit und ein vernünftiges Körpergewicht sind das Ergebnis.

APPETIT

Sind Körper, Geist und Seele ausgeglichen, haben wir einen gesunden Appetit. Hat Ihr Körper sich daran gewöhnt, Nahrungsmittel zugeführt zu bekommen, welche die Lebensenergien ausbalancieren, merken Sie bald, dass Sie nur zur Essenszeit hungrig sind. Sollten Sie zwischen den Mahlzeiten Hunger bekommen, ist das ein Zeichen eines Ungleichgewichts.

Treibstoff

Wenn Sie Ihrem Körper gesunde Mahlzeiten zuführen, merken Sie bald, dass Snacks nicht notwendig sind.

Doshas und Appetit

Jeder der Konstitutionstypen hat Appetit auf andere Lebensmittel. Dieser Appetit kann groß, klein oder mittelgroß sein.

• Kaphas haben einen langsamen, regelmäßigen Appetit und eine normale Verdauung. Sie nehmen geringe Mengen an Nahrung zu sich, weil ihre Verdauung sehr effektiv arbeitet.

• Appetit und Verdauung von Vatas sind unterschiedlich. Sie mögen strenge Lebensmittel wie rohes Gemüse, aber ihre Konstitution wird durch warme, gekochte Speisen, die süß, sauer und salzig sind, ausgeglichen.

• Pittas haben einen starken Stoffwechsel, eine gute Verdauung und einen kräftigen Appetit. Sie essen und trinken gerne viel, lieben scharfe Gewürze und kalte Getränke. Pitta wird am besten durch süß, bitter und streng ausgeglichen.

Hohe Qualität
Sattvic-Speisen balancieren die Doshas und regulieren somit den Appetit.

Frisch ist am besten

Die ayurvedische Ernährung ist gesund, mit vielen frischen, vollwertigen Lebensmitteln. Dies wird auch bei uns anerkannt. Ein unausgeglichenes Agni ist oftmals die Folge einer falschen Ernährung.

Gründe für ein Ungleichgewicht

Wenn Sie nicht regelmäßig essen oder Ihre Speisen eine mindere Qualität haben, bringen Sie die Doshas aus dem Gleichgewicht.

• Ein unregelmäßiger Appetit, *Vishmagni* genannt, bringt das Vata-Dosha durcheinander und führt zu einer sehr trägen Verdauung sowie zu folgenden Symptomen: Blähbauch, Bauchschmerzen, Verstopfung, Durchfall, Blähungen und Darmgeräusche.

• Übermäßiges Essen, *Thikshanangi*, bringt das Pitta-Dosha aus dem Gleichgewicht und führt zu heftigen Hungergefühlen. Dies kann regelrechte Fressanfälle hervorrufen. Es führt auch zu einer beschleunigten Verdauung, Schweißausbrüchen beim Essen und einer Beeinträchtigung von Geruchs- und Geschmackssinn.

• Appetitlosigkeit, *Mandagni*, stört die Kapha-Energie und verhindert eine ordentliche Verdauung. Sie kann auch zu Bauchschmerzen, Übelkeit und Erbrechen führen, Agni verlangsamen und die Atmung beeinträchtigen. Sie fühlen sich allgemein krank und erschöpft.

Gründe für Übergewicht

Ein Gleichgewicht finden
*Mit einer ayurvedischen Diät
fällt es Ihnen leichter, Ihr
natürliches Gewicht zu finden
und zu halten.*

Wenn Sie einem ayurvedischen Lebensstil folgen und sich gemäß Ihres Doshas und Ihres Gesundheitszustands ernähren, wird sich Ihr Gewicht auf seinem natürlichen Niveau einpendeln.

Übergewicht ist ein Zeichen von Ungleichgewicht im Körper. Es gibt verschiedene Möglichkeiten, Ihr Idealgewicht herauszufinden. Beim Ayurveda werden eine Reihe von Leiden, inklusive Übergewicht, als Wohlstandskrankheiten bezeichnet. Die Definition von Wohlstand ist hier, Zeit und Geld verschwenden zu können.

Bedenken Sie, dass Ihr Idealgewicht auch von Ihrem Konstitutionstyp abhängig ist. Kapha-Frauen sollten nicht erwarten, eine Modelfigur erreichen zu können, während Vata-Typen meist dünner als der Durchschnitt sind. Ein zu geringer Fettanteil im Körper schwächt jedoch das Immunsystem.

Dosha-Ungleichgewicht

Es gibt nach der Lehre des Ayurveda verschiedene Gründe für Übergewicht.

Bei übermäßigem Essen werden sowohl Vata als auch Pitta aus dem Gleichgewicht gebracht. Niedrige Vata-Werte bedeuten, dass die Schilddrüse nicht richtig arbeitet und dass der Stoffwechsel träge ist. Wird Pitta reduziert, sammelt sich Kapha in den Fettzellen an. Wassereinlagerungen – in manchen Fällen der Grund für Übergewicht – sind ein Resultat eines

Dosha-Ungeichgewichts, durch das
Kapha überdominant wird. Ist im Körper
nicht genug Vata-Energie vorhanden,
um den Fluss der Lymphe zu fördern,
sammeln sich Giftstoffe an, die
ebenfalls zu Übergewicht führen
können.

Wenn Sie sich falsch ernähren, z. B.
einer Tamasic-Ernährung folgen (s. S.
164–165), essen Sie Dinge, die zu
Heißhungerattacken führen. Junk Food
ist ein gutes Beispiel dafür. Wenn Sie
den Grund für Ihr Übergewicht nicht
kennen, sollten Sie Ihre Ernährung
genauer betrachten.

Hilfen zur Gewichtskontrolle

• *Guggul* wird in den heiligen Schriften besonders zu Gewichtskontrolle empfohlen.

• *Triphala Choornam*, *Triphala Guggul* und *Medohar Guggul* sind Kräuterkombination, die bei der Gewichtskontrolle helfen können.

• *Karela* (bittere Melone) ist ein hervorragendes Gemüse, um das Gewicht zu halten. Sie sollte jedoch nach ayurvedischen Gesichtspunkten zubereitet werden.

IHR IDEALGEWICHT

Mit Ayurveda können Sie erreichen, dass Ihr Gewicht Ihrem Konstitutionstyp entspricht. Untergewicht wird dabei genauso ernst genommen wie Übergewicht, da beides auf ein Dosha-Ungleichgewicht hinweist. Ein ayurvedischer Heiler wird Ihnen keine Mittel zur Gewichtsreduzierung oder -zunahme verschreiben, es gibt jedoch Mittel, die Sie unterstützen können (s. S. 177). Stattdessen wird er Ihnen erläutern, wie Sie einen gesunden Lebensstill annehmen können, indem Sie einer gesunden und ausgewogenen Ernährungsweise folgen.

Die Doshas ausgleichen

Der erste Schritt zum Idealgewicht ist der Ausgleich der Doshas. Stellen Sie langsam Ihre Ernährung um. Zu viel Kapha führt zu Übergewicht. Sollten Sie dazu neigen, essen Sie Lebensmittel, die Kapha reduzieren (s. S. 171). Sprechen Sie mit einen Heiler, bevor Sie anfangen, da die Umstellung nicht so einfach ist, wie es sich anhört. Ist Ihr Vata gereizt, wirft Sie z. B. eine Anti-Kapha-Diät noch mehr aus der Bahn.

Ihre Stimmung

Viele Heiler sind der Ansicht, dass man zum Erreichen des persönlichen Idealgewichts eine gesunde, enthaltsame Grundstimmung annehmen sollte. Man muss lernen, jegliche Art der Verschwendung als solche zu erkennen. Sind Sie übergewichtig, so sollte es Ihr Ziel sein, sich zu verändern. Sie sollten nicht nur Pfunde verlieren, sondern auch Ihren geistigen und emotionalen Zustand verbessern. Es ist ein langsamer Prozess, aber auch hier gilt, dass Eile selten zum gewünschten Erfolg führt.

Wann soll man essen?

Denken Sie vor dem Essen an diese Richtlinien: Essen Sie nur dann, wenn Sie wirklich hungrig sind. Setzen Sie sich zum Essen hin und vermeiden Sie alle Nebentätigkeiten, wie Lesen, Fernsehen oder Telefonieren.

Eier verstärken Kapha.

Wassereinlagerung

Ein Übermaß an Kapha-Lebensmitteln wie Eiern führt zu ungesunden Wassereinlagerungen.

Fasten

Getränke zum Fasten
Wählen Sie Fruchtsäfte oder Kräutertees gemäß Ihres Doshas. Wasser und Zitronensaft unterstützen die Entgiftung.

Fasten ist ein wichtiger Teil der Behandlung, der viele Vorteile hat. Fasten gilt als effektiver Weg, um den gesamten Körper zu reinigen und auszubalancieren. Man kann viele Krankheiten damit behandeln, da es den Körper von Giften befreit und Agni (das Stoffwechselfeuer) anregt.

Einige Heiler sind der Ansicht, dass gesunde Menschen einen Tag pro Woche fasten sollten. In den meisten Fällen ist aber eine Fastenkur im Frühjahr völlig ausreichend. Die Entgiftung

hat beim Ayurveda einen hohen Stellenwert und es gibt noch weitere Methoden, um Abfallprodukte aus dem Körper zu leiten, etwa durch Massage (s. S. 78). Wenn wir fasten, wird das Agni sehr stark. Da es nicht durch die Verdauung von Nahrung abgelenkt wird, kann es alle Energie auf die Verbrennung von Giften verwenden.

Es gibt verschiedene Arten des Fastens, z. B. nur mit Wasser oder aber mit Säften, Tee und Brühen. Sie sollten unbedingt sicherstellen, dass Sie völlig gesund sind, bevor Sie anfangen. Konsultieren Sie daher vor Beginn am besten Ihren Hausarzt.

Viel Flüssigkeit

Nehmen Sie an jedem Fastentag mindestens zwei oder drei Liter Flüssigkeit zu sich. Die folgenden Getränke sind dafür geeignet: Wasser (Mineral- oder Leitungswasser), Kräutertees (z. B. Himbeer oder Ginseng), Gemüsesäfte und verdünnter Zitronensaft. Fruchtsäfte sind nicht ratsam, da sie die Bildung von Ama fördern, wenn sie während des Fastens getrunken werden. Außerdem können Fruchtsäfte Ihren Blutzuckerspiegel in dieser Zeit komplett durcheinander bringen.

Andere Kräutertees

Andere Kräuter, die man in der Fastenzeit in Form von Tee zu sich nehmen kann sind langer Pfeffer, schwarzer Pfeffer, Cayenne, Ingwer, Basilikum und Kardamom. Sie helfen beim Ausscheidungsprozess.

Bevor Sie Tees zu Ihrem Fastenprogramm hinzufügen, sollten Sie wiederum einen Heiler fragen. Sie können auch vorgefertigte Entgiftungstees im ayurvedischen Fachhandel oder in Bioläden kaufen.

Wie lange sollte man fasten?

Kaphas vertragen normalerweise eine Fastenzeit von einer Woche gut, während Vatas und Pittas nie länger als drei Tage am Stück fasten sollten. Lassen Sie unbedingt Ihren Gesundheitszustand von einem Arzt überprüfen, bevor Sie sich irgendeiner Form des Fastens unterziehen.

Eines für alle

*Kurkuma ist ein Gewürz, dass
alen drei Doshas helfen kann.
Fügen Sie es öfter Ihren
Speisen bei.*

ESSEN ALS MEDIZIN

Selbst der gesündeste Lebensstil und die beste Ernährung können nicht immer ein Ungleichgewicht im Körper verhindern. Weiterhin werden Sie feststellen, dass es Zeiten gibt, in denen Sie sich schlechter als früher fühlen, obwohl Sie Ihr Leben umgestellt haben und Ihre Energie langsam ein Gleichgewicht findet. Auf dem Weg zu guter Gesundheit können Ihnen eine Reihe von Gewürzen und Lebensmitteln helfen, sich auszubalancieren und Ihr Wohlbefinden wiederherzustellen.

Ingwer

*In Maßen eingenommen gleicht
getrockneter Ingwer alle drei
Doshas aus. Frischer Ingwer
verstärkt Pitta. Allgemein fördert
Ingwer den Appetit, intensiviert
Agni, lindert Aufgeblähtheit und
Blähungen, verhindert die
Reisekrankheit und hilft bei
chronischem Durchfall.*

INGWER

KNOBLAUCH

Knoblauch

*Ein Vata- oder Kapha-Ungleich-
gewicht wird durch Knoblauch
gelindert. Er verbessert die Verdauung und den Kreislauf, tötet
schädliche Bakterien ab, fördert
das Gedächtnis und hilft bei
trockener Haut, Husten, Koliken,
Herzbeschwerden, Asthma und
Magenverstimmungen.*

Kurkuma

Sowohl innerlich als auch äußerlich angewendet reinigt es das Blut und den Geist und gleicht die Doshas aus. Außerdem kühlt es das Blut. Wenn es auf Wunden aufgetragen wird, verringert es die Blutung. Als natürliches Antibiotikum schützt es die Darmflora und regt die Produktion von Galle an.

Z W I E B E L

Zwiebeln

Zwiebeln stimulieren das Herz, regen die Produktion von Galle an und senken den Blutzuckerspiegel. Der frische Saft einer mittelgroßen Zwiebel ist ein gutes Herztonikum, wenn man ihn morgens mit einem Löffel Honig einnimmt. Kopfschmerzen und Übelkeit werden gelindert, wenn man an einer zerdrückten Zwiebel (links) riecht.

Eine Diät für
Ihre Konstitution

Jeder ist einzigartig
*Ihre Ernährung sollte Ihren
persönlichen Bedürfnissen und
dem Dosha angepasst sein.*

Die Theorie, die hinter einer ayurvedischen Ernährung steckt,
kann recht kompliziert sein. Es ist
sinnvoll, einen Heiler zu Rate zu ziehen,
bevor Sie anfangen. Es gibt jedoch
eine Reihe von einfachen Grundsätzen,
die es Ihnen leichter machen, den Vorgang zu verstehen und durchzuführen:

Wählen Sie Lebensmittel, die Ihr vorherrschendes Dosha beruhigen oder
ausgleichen und die anderen Doshas
anregen. Wenn Sie ein Kapha-Typ
nehmen Sie Speisen, die Kapha reduzieren und Vata und Pitta stärken. Pittas
wählen Lebensmittel, die Pitta verringern
und Kapha und Vata anregen. Vata-Typen suchen sich Speisen, die Vata
schwächen und Pitta und Kapha stärken. Das richtige Essen für jeden Typ
finden Sie auf den S. 166–171.

Passen Sie Ihre Ernährung an die
Jahreszeit an. Dies ist wichtig, da Sie
immer die Lebensmittel auswählen
sollten, die in der jeweiligen Saison zu
Ihrem Konstitutionstyp passen.

Vata

Wählen Sie gehaltvolle, schwere, fette
und heiße Speisen. Reis, Nudeln, warme Milch, Sahne und warmes Brot helfen, das Dosha auszugleichen. Kalte
Speisen wie Salat, rohes Gemüse oder
kalte Getränke verstärken Vata und sollten daher gemieden werden. Wählen
Sie einen salzigen, sauren oder süßen
Geschmack. Essen Sie warme, gekochte, leicht verdauliche Mahlzeiten, um
Agni zu regulieren.

Pitta

Wählen Sie besonders im Sommer
kühle, erfrischende Lebensmittel.
Meiden Sie alles, was Hitze produziert,
z. B. Salz, Öl und scharfe Gewürze.
Bevorzugen sie bitteren und strengen
Geschmack. Dies zügelt den Appetit.
Lassen Sie keine Mahlzeit aus.

Kapha

Meiden Sie schwere, fettige oder kalte
Nahrung. Übermäßiges Essen bringt
Ihre Energie aus dem Gleichgewicht.
Essen Sie fettarm und leicht mit viel
rohem Gemüse und Obst. Die Schlüssel-
worte für Kaphas sind leicht, heiß und
trocken. Scharfer, bitterer und strenger
Geschmack gleicht Sie aus. Sie können
problemlos eine Mahlzeit versäumen.

Einen Heiler aufsuchen

Die Ernährung ist im ayurvedischen System
sehr wichtig und Sie sollten die Hilfe eines
Heiler zu Rate ziehen. Mit seiner Hilfe können
Sie überprüfen, ob Sie auch alle Stoffe aufnehmen, die Sie benötigen.

Heilender Honig
*Essen Sie viel Honig, um die
Ansammlung von Giftstoffen
im Winter zu vermeiden.*

ENTGIFTUNG

Essen und Trinken ist ein wichtiger Teil des ayurvedischen Systems. Viele Lebensmittel unterstützen den Körper zusätzlich beim Entgiftungsvorgang. Sie sollten regelmäßig eine Entgiftung durchführen, damit die Doshas im Gleichgewicht bleiben. Diese eliminiert den Einfluss von negativen Doshas und säubert den Körper von Ama.

Massage
Als Teil der Entgiftung sollten Sie Selbstmassagen in Ihr morgendliches Programm einbauen. Verwenden Sie Öle, die für Ihr Dosha geeignet sind. Massagen lösen die Giftstoffe unter der Haut und helfen dabei, sie auszuscheiden. Wenn Sie nach der Massage ein Bad nehmen, verstärken Sie den Ausscheidungsprozess durch das Schwitzen noch weiter. Massagen fördern außerdem die Lymphzirkulation.

Massagieren Sie
jeden Teil Ihres
Körpers.

Die Wintermonate
Passen Sie im Winter Ihre Ernährung durch mehr vitalisierende Lebensmittel an.

Täglicher Sport verbessert den Kreislauf.

Sport
Regelmäßiger Sport ist ein wichtiger Beitrag zur Gesunderhaltung, besonders im Winter.

Saisonale Übungen
Heiler empfehlen, den Körper durch eine Entgiftung auf den Wechsel der Jahreszeiten vorzubereiten (s. S. 70–75). Dies ist besonders im Frühjahr wichtig, da sich im Winter unter der Haut Giftstoffe ansammeln, welche die Energiekanäle blockieren und so zu Krankheiten führen können.

Giftstoffe kontrollieren
Um die Speicherung von Giftstoffen über den Winter zu minimieren, sollten Sie warme, gekochte Speisen essen, z. B. Fleisch, Honig, Öl, Reis und Milch. Diese Lebensmittel fördern die Vitalität. Trinken Sie viel warmes Wasser und andere warme Getränke und tragen Sie warme Kleidung.

GEHEIME KÜNSTE

187

Zu Hause entgiften

Ama-Therapie
Regelmäßige Entgiftungen verbessern das Wohlbefinden und schützen vor Krankheiten.

D ie Eigenentgiftung wird Ama-Therapie genannt, da sie den Körper von Ama (Abfallprodukte des Stoffwechsels, Umweltverschmutzung und unverdaute Nahrungsreste) befreit. Ama kann die Energiekanäle blockieren und zu Krankheiten, allgemeinem Unwohlsein und Erschöpfung führen. Es wird auch durch ungelöste emotionale Probleme hervorgerufen Die Entgiftung wirkt viel besser, wenn Sie sich um diese Probleme kümmern und Meditation in Ihre Therapie einbauen.

Hindernisse entfernen

Alle Vorschläge, die Ihnen in diesem Buch gemacht werden, funktionieren besser, wenn Sie sich vorher entgiften. Indem Sie Gifte und Abfallstoffe eliminieren, kann die Energie leichter durch Ihren Körper fließen und heilen, ausgleichen und wiederherstellen. Ohne eine Entgiftung wird selbst die beste Behandlung durch Hindernisse aus Ama gestört. Während der Entgiftung sollten Sie regelmäßig baden oder duschen, um Giftstoffe und Bakterien aus den Poren zu entfernen. Dies unterstützt auch die Ausscheidung von Abfallstoffen.

Entgiftung durch Ernährung

Die folgende Ama-Diät kann fünf bis zehn Tage lang durchgeführt werden. Bevor Sie jedoch größere Ernährungsumstellungen vornehmen, sollten Sie immer Ihren Arzt fragen.

Morgens Trinken Sie ein Glas warmes Wasser mit zwei Löffeln frischem Zitronensaft und Honig. Vermeiden Sie es zu essen. Wenn Sie wirklich hungrig sind, versuchen Sie es mit frischem Fruchtsaft.

Mittags Essen Sie eine leichte, warme Mahlzeit aus frischen, vollwertigen Lebensmitteln, entsprechend Ihres Doshas. Essen Sie nur so viel wie nötig. Tamasic-Speisen (s. S. 165) sind während der Entgiftung tabu. Halten Sie sich an Sattvic-Speisen. Dies ist Ihre Hauptmahlzeit. Essen Sie in Ruhe.

Abends Essen Sie auch hier möglichst nicht. Sollten Sie Hunger haben, löffeln Sie ein wenig Suppe mit Reis und Gemüse oder trinken Sie etwas Fruchtsaft.

Wenn Sie zwischen den Mahlzeiten Hunger bekommen, trinken Sie frischen Gemüsesaft. Trinken Sie den ganzen Tag über warmes Wasser, um sich von innen zu reinigen. Nach Ende der Diät können Sie wieder andere Nahrungsmittel in Ihren Speiseplan aufnehmen. Fallen Sie nicht gleich wieder in alte Essgewohnheiten zurück.

Gemüse

Frischer Gemüsesaft und gedünstetes Gemüse sind ein wichtiger Teil der Entgiftung und sollten immer in Ihrer Ernährung enthalten sein.

HEILER ODER SELBSTHILFE?

Ayurveda ist weitaus mehr als nur eine Heilkunst. Es bedeutet, in jedem Bereich Ihres täglichen Lebens Änderungen vorzunehmen und an einer dauerhaft guten Gesundheit und allgemeinem Wohlbefinden zu arbeiten. Wie sehr Sie auch auf sich achten, es kommt immer eine Zeit, in der eine medizinische Behandlung nötig wird. In diesem Fall kann die Hilfe eines ayurvedischen Heilers unerlässlich sein. Neben der Änderung Ihres Lebensstills wird er eine Reihe von Behandlungen (ein Teil davon wurde in diesem Buch beschrieben) vorschlagen, die Krankheiten verhindern und Leiden behandeln. Nebenher gibt es viele Möglichkeiten der Selbsthilfe. Dieser Teil zeigt Ihnen, was Sie erwartet, wenn Sie einen Heiler konsultieren, fasst zusammen, was Sie selbst zu Hause tun können und wann es besser ist, einen Arzt aufzusuchen.

Einen Heiler aufsuchen

Beratung
*Wenn Sie einen Heiler auf-
suchen, sollten Sie alle Fragen
ganz ehrlich beantworten.*

Ayurvedische Heiler behandeln
jeden Patienten individuell und
müssen daher sehr viel über Sie
und Ihre Lebensumstände wissen, bevor
die Behandlung beginnen kann. Als
erstes wird der Heiler Ihren Konstitutionstyp feststellen (s. S. 196–197).
Die meisten Heiler tun dies, indem sie
Sie einfach anschauen und diverse Anzeichen überprüfen. Da Ayurveda ein
ganzheitliches System ist, kann es bei
jedem Problem helfen, sei es geistig,
körperlich oder emotional bedingt.
Besonders wirksam ist es bei Verdauungsstörungen wie Reizdarm, Verstopfung, Magenverstimmungen und allen
damit einhergehenden Problemen, die
durch falsche Ernährung verursacht
werden, z. B. Wassereinlagerungen,
Ausschlägen und Kreislaufstörungen.

Sie sollten sich nur von einem Heiler,
der im Besitz eines anerkannten Ab-
schlusses ist, behandeln lassen. Gehen
Sie nicht zu selbsternannten Heilern, da
diese Ihnen eher schaden als nutzen.

Wie viele Sitzungen?

Regelmäßige Sitzungen bei Ihrem Heiler
können angebracht sein, um Ihre
Gesundheit aufrechtzuerhalten. Ein
großer Teil der ayurvedischen Heilkunst
ist auf Vorbeugung ausgerichtet, aber
auch Krankheiten werden behandelt.
Wie viele Sitzungen man zur Lösung
eines bestimmten Problems benötigt, ist
von vielen Faktoren abhängig. Diese
sind z. B. Ihr Alter, die Frage, an
welchem Ungleichgewicht Sie leiden,
wie schwer die Störung ist und wie
lange Sie schon daran leiden. Eine
Krankheit wie der Reizdarm könnte

nach zwei bis sechs Besuchen geheilt
sein, während eine Sinusitis fünf bis
zehn Besuche braucht.

Was können Sie erwarten?

Eine ayurvedische Behandlung ist normalerweise sanft und sehr angenehm.
Ihr Heiler wird Ihnen Übungen, eine
bestimmte Ernährung, Kräuterheilmittel
und innerliche und äußerliche Entgif-
tungsprogramme empfehlen. Dazu
können noch eine Marma- oder
Edelsteintherapie kommen, sowie
Entspannungsübungen durch
Meditation und Yoga. Sie werden
über die Bandbreite der Behandlungsmöglichkeiten erstaunt sein.

Merkmale eines guten Heilers

Ein Heiler sollte Integrität und Erfahrung be-
sitzen. Er sollte die folgenden Eigenschaften in
sich vereinen:

• Reinheit von Körper und Geist,

• breit gefächertes Wissen und eine hervorragende medizinische Ausbildung,

• Erfahrung sowohl in der medizinische
Theorie als auch in der klinischen Praxis.

DIE AYURVEDISCHE BERATUNG

Die ursprüngliche Konsultation konzentriert sich auf die Stellung einer Diagnose und dauert etwa eine Stunde. Zuerst wird man Ihnen detaillierte Fragen über Ihre Gesundheit, Ihren Lebensstil und die Gesundheit Ihrer Eltern stellen. Diese Faktoren spiegeln sich im Zustand Ihres Doshas wieder. Die Frageeinheit nimmt meist ein Drittel der Stunde ein. Danach wird der Heiler sich Ihre Augen, Ihre Zunge und Ihre Fingernägel anschauen und nach weiteren Anzeichen suchen.

Persönliche Fragen

Ihr Heiler wird wissen wollen, wie Sie als Kind und Teenager waren, um Ihr Prakuthi (ausgeglichener Zustand) festzustellen. Informationen über Lebensstil, Ernährung, Arbeit, soziales Umfeld, Symptome, Vorlieben und Abneigungen helfen ebenfalls bei der Diagnose. Weiterhin wird er Sie über Verdauung, Appetit und Darmbewegungen befragen.

Die Zunge ist ein Indikator der Gesundheit

Erfahrung und Weisheit

Ihr Heiler bezieht sich auf die Weisheit einer Methode, die schon vielen Menschen geholfen und bei ebenso vielen Krankheiten verhindert hat.

Den Lebensstil ändern

Das Ziel Ihres Heilers ist, eine dauerhaft gute Gesundheit für Sie zu erreichen. Dafür werden Sie einige Veränderungen in Ihrem Lebensstil vornehmen und jegliche Aktivitäten, die zu dieser Disharmonie führen, aufgeben müssen. Dazu gehören übermäßiges Trinken, Arbeiten oder Schlafmangel.

Auge zu Auge

An den Augen kann man ein Ungleichgewicht und einen ungesundem Lebensstil erkennen.

Überprüfung des Pulses

Alle Doshas haben einen unterschiedlichen Pulsschlag. Dieser kann bei der Diagnose helfen.

An den Fingerspitzen

Die Finger repräsentieren die fünf Elemente und geben Hinweise auf Ihre Gesundheit.

Die Untersuchung

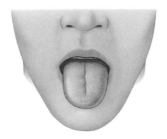

Die Zeichen lesen
*Alles, von der Zunge bis zu den
Fingerspitzen, wird während
der Untersuchung begutachtet.*

D ie körperliche Untersuchung
dauert bei einem ayurvedischen
Heiler etwa 30 Minuten. Sie
werden sicherlich erstaunt sein, wie
sorgfältig er vorgeht, um alles Not-
wendige herauszufinden. Er kann dabei
nach der 10-fach- (s. Kasten) und/oder
der 8-fach-Untersuchung verfahren. Die
8-fach-Untersuchung gibt dem Heiler
Aufschluss über eine Krankheit sowie
über den Allgemeinzustand. Dabei
werden Ihr allgemeines Erscheinungsbild sowie Zunge, Haut, Stimme, Puls,
Augen, Urin und Stuhl untersucht.

Körperliche Hinweise

Ihre Zunge kann viele Hinweise über Ihr
Dosha und Ihren gesundheitlichen Zustand liefern. Eine Kapha-Zunge hat
einen weißen Belag, eine Pitta-Zunge ist
gelb und rot und eine Vata-Zunge ist
sehr aktiv. Auch Ihre Hände geben
wertvolle Hinweise auf ein Ungleichgewicht und an den Fingern und Daumen
kann Ihr Heiler sehen, wie es um die
fünf Elemente (und die dazugehörigen
Organe) in Ihrem Körper bestellt ist. Ihr
Daumen gehört zu Äther und zum
Gehirn, der Zeigefinger repräsentiert
Luft und die Lungen, der Mittelfinger
steht für Feuer und gibt Hinweise auf
den Zustand Ihrer Eingeweide, der
Ringfinger gehört zu Wasser (und somit
zu den Nieren) und der kleine Finger
repräsentiert Erde und das Herz.

Ihr Heiler wird Ihren Puls fühlen. Die
Pulsdiagnose wird *Nadi Shastra* ge-
nannt. Er wird drei Pulspunkte an der
Arterie jedes Handgelenks messen.
Jeder dieser Pulspunkte bezieht sich auf
ein Dosha. Der Punkt in Höhe des
Zeigefingers ist Vata, der in Höhe des

Mittelfingers ist Pitta und der Punkt beim Ringfinger ist Kapha. Ein dominanter Vata-Puls wird aufgrund seiner unregelmäßigen, gleitenden Bewegungen „Schlangenpuls" genannt. Ein Pitta-Puls heißt „Frosch" und der elegante Kapha-Puls „Schwan". Diese drei Punkte haben bis zu 32 Merkmale, die Aufschluss über Ihre Gesundheit geben, vom Zustand jedes Organs und der Qualität des Blutes bis zu den Doshas, die sich auf die fünf Elemente beziehen.

10-fach-Untersuchung

Diese detaillierte Untersuchung begutachtet:

• den körperlichen Zustand *(Prakrithi)*,
• den Krankheitszustand *(Vikrithi)*,
• die Vitalität der Gewebe *(Sara)*,
• die Körperabmessungen *(Pramana)*,
• den Körperbau *(Samhanana)*,
• die Anpassungsfähigkeit *(Satmya)*,
• den geistigen Zustand *(Sattva)*,
• die Verdauungsfähigkeit *(Ahara Sakti)*,
• die sportlichen Fähigkeiten *(Vyayama Sakti)*,
• das Alter *(Vaya)*.

Heilmittel
Tausende von natürlichen Heilmitteln werden verwendet. Guggul wirkt entzündungshemmend.

KLINISCHE BEHANDLUNG Einige Therapien (z. B. Panchakarma) dauern mehrere Tage und verlangen viel Einsatz des Patienten. In einer kontrollierten Umgebung wie einer Klinik können sie einfacher durchgeführt werden, damit der Patient keinen Teil der Behandlung versäumt oder um sie mit anderen Therapien zu kombinieren.

Das ganze Programm
Die meisten ayurvedischen Kliniken bieten das gesamte Programm der ayurvedischen oder Yoga-Therapie an. Außerdem erhält man dort alle notwendigen Heilmittel. In einer guten ayurvedischen Klinik werden nur geprüfte, natürliche Formeln verwendet und jedes Mittel wird erst an dem Tag hergestellt, an dem es eingesetzt werden soll.

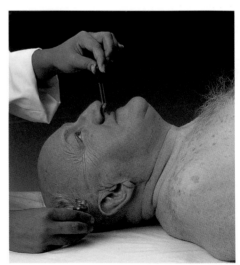

Nasya-Therapie
Öle oder Puder werden in die Nasenlöcher eingeführt. Sie werden oft bei Kapha-Störungen des Kopfes eingesetzt.

Basti-Therapie
Kräuteröleinläufe und Spülungen behandeln Leiden, die durch zu viel Vata entstehen

Kräuterdampfbad
Kräuterdampfbäder werden oft als Vorbereitung für die Panchakarma-Kur angewendet.

Beschwerden, die in einer Klinik behandelt werden sollten

Die folgenden Leiden werden am wirkungsvollsten in einer Klinik behandelt:

- *Ama-Vata/Vata-Rakta* (Rheumatische Arthritis, Gicht, andere Immunkrankheiten),
- *Sandhi-Vata* (Arthrose, degenerative Arthritis),
- *Gradrasi-Vata* (Ischias),
- *Avabaahuka* (Schultersyndrom, steife Schulter),
- *Kati-Graha/Trika-Graha* (Hexenschuss, Morbus Bechterew),
- *Ardita* (Gesichtlähmung),
- *Chittodwega/Vishaada* (Angstzustände, Depressionen),
- *Sthoulya* (Übergewicht),
- *Madhumeha* (Diabetes),
- *Shoolam/Shirah Shoolam* (chronische Schmerzen, Kopfschmerzen, Migräne),
- *Kampa-Vata* (Parkinsonsche Krankheit),
- *Tamaka-Swasa* (Bronchialasthma),
- *Amla-Pitta* (Magenkrankheiten),
- *Mada/Madaatyaya* (Alkoholismus/Süchte),
- *Vibanda/Anaaha/Udaavarta* (Verstopfung, Blähungen),
- *Atisaara* (chronischer Durchfall),
- *Kustha* (Hautkrankheiten),
- *Yakrit-Pleehodara* (Leberkrankheiten),
- *Kridroga* (Erkrankungen der Herzkranzgefäße).

Eine ayurvedische Klinik

Den Körper reinigen
*Bei der Virechana-Therapie
nimmt man milde Abführmittell
gegen überschüssiges Pitta.*

D ie ayurvedische Heilkunst erfreut sich nach wie vor großer Beliebtheit. Moderne und ayurvedische Heiler und Mediziner arbeiten inzwischen auf vielen Gebieten Hand in Hand. Trotzdem wurde die erste ayurvedische Klinik in Europa (in England) erst im Jahr 2000 eröffnet. Das „Ayurvedic Charitable Hospital" in London hat sich auf Patienten spezialisiert, deren Beschwerden durch die Schulmedizin nicht geheilt werden konnten. Die Klinik bietet den Patienten die Möglichkeit, das gesamte Spektrum der ayurvedischen Medizin kostenlos zu nutzen. Die Ärzte sind hochqualifizierte Heiler. Da sie durch Spenden unterhalten wird, kann sie jeder Menschen, egal welcher Herkunft, Rasse, Religion oder Nationalität, aufsuchen.

Die Patienten werden untergebracht und sorgsam überwacht, während sie über mehrere Tage hinweg Ernährungs-, Lebensstil- und Entgiftungstherapien erhalten. Auch Yoga wird ihnen angeboten.

Was wird behandelt?

Eine ayurvedische Klinik behandelt viele chronische Leiden wie z. B. Asthma, rheumatische Arthritis, Blasenentzündung, Depressionen und Prostatabeschwerden. Die Behandlungen haben keine der Nebenwirkungen, die man oft bei konventionellen Medikamenten findet.

Herzinfarkte, Schlaganfälle und andere akute Leiden sowie Krankheiten, die Notoperationen erfordern, können nicht behandelt werden. Für diese sind nach wie vor die Schulmediziner da.

Eine Krankheitsgeschichte

Carol Johnson war 51, als sie mit einer fort-
schreitenden neuromuskulären Erkrankung in
die Klinik kam. Sie konnte weder stehen noch
ihre Gliedmaßen bewegen oder sprechen. Ihr
Muskelschwund war auffällig. Sie war klinisch
depressiv und hatte sich erfolglos von einem
Neurologen behandeln lassen. Nun litt sie
unter den Nebenwirkungen der starken
Medikamente.

Die Heiler fanden heraus, dass sie ein Kapha-
Vata-Typ mit einem Vata-Ungleichgewicht war.
Sie erhielt verschiedene Therapien, vor allem
die Nasya-Therapie, über einen Zeitraum von
21 Tagen. Innerhalb von drei Tagen stellten
sich die ersten erstaunlichen Fortschritte ein.
Ihre Sprache wurde täglich deutlicher und
auch die Beweglichkeit ihrer Gliedmaßen
verbesserte sich. Als Carol die Veränderungen
bemerkte, bekam sie wieder Hoffnung und die
Depressionen ließen nach.

Bei ihrer Entlassung konnte Carol aus dem Bett
aufstehen, ohne Hilfe stehen, selbständig ein
paar Schritte laufen und einige Worte klar
und deutlich sprechen. Ihre Depressionen
waren verschwunden.

Ein ayurvedischer Abschluss

Die meisten ayurvedischen Ärzte werden in
Indien ausgebildet, aber es gibt auch schon
Universitätskurse in England und anderen
europäischen Ländern. Dies beweist den
Stellenwert der alten Lehren.

Natürliche Energie
Die natürliche Energie der Erde ist in Edelsteinen enthalten und kann die Gesundheit fördern.

NACH DER BEHANDLUNG
Nach einer abgeschlossenen Behandlung, sollte es Ihre oberste Priorität sein, weiter auf Körper und Geist zu achten. Ihr Heiler hilft Ihnen dabei. Es ist ratsam, einen Tagesplan aufzustellen und sich regelmäßig zu massieren. Es gibt noch andere Wege, sich um Ihre körperlichen und geistigen Belange zu kümmern: Meditation, Yoga und eine gesunde Ernährung sollten Teil Ihres Tagesplanes werden. Sie können auch Ihren Energielevel verändern, indem Sie Edelsteine einsetzen.

Meditation
Ohne Meditation (s. S. 122–127) kann das volle Heilungspotenzial von Ayurveda nicht ausgeschöpft werden. Meditation versetzt Sie vollkommene Ruhe und wendet den Geist nach innen, zu Ihrem spirituellen Potenzial. Meditation wirkt verjüngend und vereint Körper und Geist.

Lassen Sie Gedanken kommen und gehen.

Atmen Sie tief.

Lassen Sie die Hände sanft auf den Knien ruhen.

Yoga

Yoga bedeutet „Einheit" und kann ein wichtiger Teil der Behandlung sein. Wenn Sie daheim Yoga machen, vereinen Sie Körper, Geist und Seele. Indem Sie die Yoga-Übungen in Ihren Tagesablauf einbauen, können Sie ein vollkommenes Wohlbefinden erreichen.

Edelsteintherapie

Ayurvedische Ärzte bei uns wenden diese Therapie (s. S. 146–149) nicht oft an, aber Sie können sie selbst ausprobieren und die Schwingungen der Steine für Ihr Prana nutzen.

Ernährung

Dieser Bereich wurde ausführlich besprochen (s. Ernährung und Lebensstil, S. 150–189). Ihre Therapie wird auf einer großen Zahl von Ernährungsvorschlägen und -änderungen basieren. Um die ayurvedischen Prinzipen zu wiederholen: Ihre Ernährung sollte nach der Jahreszeit, Ihrer Konstitution und Ihrem Ungleichgewicht ausgewählt werden.

Ayurveda und Schulmedizin

Natürliches Gleichgewicht
Ayurveda nutzt natürliche Heilmittel und Therapien, um den Körper zur Selbstheilung anzuregen.

Es ist wichtig, den grundlegenden Unterschied zwischen Ayurveda und der Schulmedizin zu verstehen. Die Schulmedizin konzentriert sich auf die Behandlung der Krankheit und der Symptome durch Medikamente und Operation. Diese Methoden haben bereits viele Leben gerettet. Chirurgie kommt auch beim Ayurveda zur Anwendung. Viele Medikamente schwächen aber durch ihre Giftigkeit den Körper. Ayurveda konzentriert sich

nicht auf die Krankheit. Man vertritt die Ansicht, dass das Leben durch ausgeglichene Energien unterstützt wird. Wenn die Energien ungehindert durch den Körper fließen können, ist die körpereigene Abwehr stark genug, Krankheit zu verhindern.

Westliche Medizin

Ayurveda ist kein Ersatz für die Schulmedizin. Viele Krankheiten oder akute Zustände werden am besten durch Medikamente oder Operationen behoben. Ayurveda sollte zusätzlich zur Schulmedizin genutzt werden, da es Sie weniger anfällig gegenüber Krankheiten macht und den Körper nach medizinischen Eingriffen stärken kann.

Ayurveda ist vor allem bei der Behandlung von Leiden wie Asthma oder Ausschlägen, welche die Schulmedizin nicht heilen konnte, sehr effektiv. In schweren Fällen können Medikamente anfangs parallel eingenommen und nach und nach weggelassen werden.

Aus dem Gleichgewicht

Viele Leiden werden durch ein Ungleichgewicht in bestimmten Bereichen Ihres Lebens verursacht. Dieser Tatsache schenkt die Schulmedizin oft keine Beachtung. Da Ayurveda die Ursache der Erkrankung behandelt, ist es oft erfolgreicher als die herkömmliche Medizin. Die erreichten Ergebnisse sind endgültig, vorausgesetzt Sie leben nach Ende der Behandlung entsprechend.

Ayurveda ist besonders wirksam bei den vielen kleinen Beschwerden, die von der normalen Medizin kaum behandelt werden, da man sie nicht als Krankheiten ansieht, obwohl die Symptome oft sehr unangenehm sind. Bei diesen Leiden stellen wir oft ein Ungleichgewicht im Körper fest und das ist es, was Ayurveda am besten behandelt.

Einzigartige Einsicht

Ayurveda erkennt, dass jeder von uns anders auf bestimmte Lebensumstände reagiert und andere Stärken und Schwächen hat.

AYURVEDA ZU HAUSE

Um die beste Wirkung zu erzielen, sollten Sie einen Heiler aufsuchen, der Sie begutachtet, bevor er eine Therapie verschreibt. Es gibt aber viele Möglichkeiten zur Selbsthilfe. Viele Kräuter und Öle finden Sie in Ihrem Küchenschrank und Sie können jederzeit die Ernährung und die Übungen auswählen, die am besten zu Ihrem Lebensstil und Ihren Doshas passen.

Ansammlung von Giften

Es gibt einige Dinge, die Sie beachten müssen, wenn Sie sich zu Hause behandeln. Wenn Sie Kräuter verwenden, tauschen Sie diese öfter aus, um die Ansammlung von Giften, allergische Reaktionen oder sogar eventuelle Abhängigkeit zu vermeiden. Obwohl dies sehr selten ist, kann es vorkommen. Setzen Sie die Kräuter sofort ab, wenn Sie sich unwohl fühlen.

Ein ayurvedischer Heiler wird Sie vollständig begutachten.

Bitten Sie um Hilfe

Bevor Sie ein Selbsthilfeprogramm beginnen, sollten Sie einen Heiler um Rat fragen.

Selbstbehandlung

Therapeutisch eingesetzt sind Kräuter sehr effektiv und haben eine tiefgreifende Wirkung auf Körper und Konstitution. Experimentieren Sie nie mit großen Mengen und denken Sie daran, dass „mehr" nicht mit „effektiver" gleichzusetzen ist. Fangen Sie mit kleinen Mengen an und warten Sie ab, ob Sie damit ein Ergebnis erzielen.

Meditation

Öffnen Sie Ihren Geist durch Meditation und erfahren Sie Heilung und Frieden.

Selbstmassage

Verwenden Sie Öle, die zu Ihrem Dosha passen. Diese können starke Werkzeuge sein.

Bevor Sie anfangen

Auf den folgenden Seiten finden Sie einige bewährte Heilmittel zur Linderung häufiger Leiden. Das heißt nicht, dass diese auch für Sie gut sind. Fragen Sie immer einen Experten, bevor Sie sich zu Hause medizinisch behandeln. Unabhängig von Ihrem Gesundheitszustand müssen Sie auch Ihre Doshas genau kennen. Wenn Sie einen Fehler machen, bringen Sie diese vollkommen aus dem Gleichgewicht.

SESAMÖL

MANDELÖL

Häufige Krankheiten

Sie fühlen sich krank?
*Krankheit wird durch
Ungleichgewicht verursacht.
Finden Sie es heraus.*

Viele der häufigsten Leiden können zu Hause behandelt werden. Suchen Sie die Ursache und behandeln Sie diese. Denken Sie daran, dass die meisten Krankheiten durch ein Ungleichgewicht verursacht werden. Sobald Sie es beheben, fühlen Sie sich besser.

Sie müssen Ihren Dosha-Typ kennen und sich an die Anweisung bezüglich des entsprechenden Lebensstils halten, um die Krankheit zu überwinden. Kräuter, Kristalle und Öle können in kleinen Mengen zu Hause verwendet werden (s. Tabelle). Wenn sich Ihr Zustand nicht bessert, suchen Sie einen Heiler auf.

Schlaflosigkeit

Trinken Sie Milch mit Muskatnuss, Baldrian und Mohn. Vermeiden Sie Vata produzierende Einflüsse wie Stress, Reisen, einen unregelmäßigen Lebensstil, Anregungsmittel und Überarbeitung. Bei Pitta-Typen wird Schlaflosigkeit durch Wut, Eifersucht, Fieber, Frustration oder große Hitze hervorgerufen. Befolgen Sie die Ratschläge (s. S. 212–213) und massieren Sie Brahmiöl in Füße und Kopf.

Erkältungen

Nutzen Sie Kräuter, die abschwellend, ausgleichend, wärmend und stärkend auf das Immunsystem wirken, z. B. Ingwer, Zimt, Echinacea, Löwenzahn und frische Pfefferminze. Vata-Erkältungen werden durch Ingwer, Kumin und langen Pfeffer behandelt. Pitta-Erkältungen wirken erhitzend, oft tritt Fieber auf. Nehmen Sie Pfefferminze

und Sandelholz. Kapha-Erkältungen
sind zäh. Trinken Sie Tees aus heißer
Zitrone, Ingwer, Zimt, Nelken und Tulsi
mit etwas Honig. Langer Pfeffer und
Pfefferminze helfen auch. Saunagänge
und heiße Bäder wirken erwärmend.

Kräuter	Leiden
KORIANDER	Sinusprobleme, Erkältungen, Blasenentzündungen
SENFÖL UND -SAMEN	Kopfschmerzen, Fieber, kalte Hände und Füße, Rheuma
CURRY-BLÄTTER	Menstruationsbeschwerden
KNOBLAUCH	Zahnschmerzen, bakterielle und Pilzinfektionen, Viren, Candida, Durchfall
INGWER	Magenverstimmung, Husten, Halsschmerzen, Pilzinfektion
SENF	Menstruationstörungen, Durchfall, Fieber, Magenverstimmung
GOTU KOLA	Gleicht die Doshas aus, regt den Kreislauf an, stärkt das Gedächtnis, verbessert die Konzentrationsfähigkeit.

Was ist Ihr Dosha?
*Bevor Sie ein ayurvedisches
Programm beginnen, müssen
Sie unbedingt Ihren Dosha-Typ
kennen.*

EIN AYURVEDISCHER LEBENSSTIL

Unabhängig von Ihrem Gesundheitszustand werden Sie davon profitieren, nach Ihrem Dosha zu leben. In diesem Buch wurden ausführlich Änderungen in Ernährung und Lebensstil besprochen, die durchgeführt werden können und sollten. Die folgenden Listen geben Ihnen Tipps, wie Sie Ihr Dosha ausgleichen. Versuchen Sie diese Hinweise möglichst täglich zu befolgen.

Vata

Vata gibt uns die Energie der Bewegung. Diese Tipps verhindern ein Ungleichgewicht:
• Bleiben Sie warm, vermeiden Sie große Kälte.
• Bleiben Sie ruhig.
• Entwickeln Sie einen regelmäßigen Tagesablauf
• Schlafen Sie viel und versuchen Sie, immer zur gleichen Zeit ins Bett zu gehen.
• Essen Sie warme, gewürzte Speisen.
• Vermeiden Sie kalte, gefrorene oder rohe Lebensmittel.

Eine Mütze verhindert, dass Wärme über den Kopf entweicht.

Warm bleiben
*Alle Doshas, besonders die
Vatas, sollten sich im Winter
warm anziehen.*

Pitta

Die folgenden Dinge balancieren Pitta aus, das für die Energie der Verdauung sorgt:.
• Vermeiden Sie große Hitze.
• Trainieren Sie nicht bei heißem Wetter.
• Essen Sie bevorzugt kühlende Speisen.
• Vermeiden Sie zuviel Öl.
• Essen Sie wenig Salz.

Kapha

Dieses Dosha sorgt für die Energie der Feuchtigkeit.
• Bleiben Sie aktiv und trainieren Sie viel.
• Schlafen Sie nicht am Tag.
• Variieren Sie Ihren Tagesablauf.
• Essen Sie keine schweren und fettigen Speisen.
• Vermeiden Sie Milchprodukte.

Dosha-Diät

Ihre Ernährung ist beim Ayurveda entscheidend. Pittas sollten viele kühlende Speisen essen.

Das Gleichgewicht finden

Es ist schwierig, sein Leben zu ändern, aber die Änderungen, die Sie zum Ausgleich Ihres Doshas vornehmen, tragen zu Ihrem Wohlbefinden bei. Lassen Sie sich von den vielen Richtlinien nicht abschrecken. Die meisten können leicht in Ihren Tagesablauf eingebaut werden. Wenn sich Ihre Gesundheit bessert, wählen Sie automatisch einen Lebenstil, der ein gesundes Gleichgewicht erhält.

Das richtige Training

Alle Doshas sollten den Körper trainieren. Kaphas brauchen besonders viel Bewegung.

Kernaussagen der Doshas

Inneres Selbst
*Das Wissen um und der Respekt vor
Ihrem Dosha verhelfen Ihnen zu
einem natürlichen Wohlbefinden.*

D ie die drei Dosha-Typen werden
hier noch einmal zusammen-
gefasst, um Sie an die jeweiligen Kernaussagen zu erinnern.

Vata

Vata hält alle körperlichen Abläufe in
Bewegung. Es ist im Herbst und zum
Wechsel der Jahreszeiten am stärksten.
Für Vatas ist ein geregelter Tagesablauf
wichtig, um ihre Energie unter Kontrolle
zu halten. Die Eigenschaften von Vata
sind trocken, leicht, kalt, rau, subtil,
beweglich und klar. Jedes dieser Merkmale kann zu einem Ungleichgewicht
führen. Häufige Reisen, besonders im
Flugzeug, laute Geräusche, ständige
Stimulierungen, Drogen, Zucker und
Alkohol heben Vata hervor. Vatas finden
es oft schwierig, auf dem Boden zu
bleiben. Sie sollten vor 22 Uhr ins Bett
gehen, da sie mehr Schlaf brauchen als
die anderen. Menschen mit einem Vata-
Überschuss reagieren auf warme,
feuchte, leicht ölige und schwere
Speisen. Dampfbäder, Luftbefeuchter
und Feuchtigkeit ganz allgemein bekommen ihnen gut. Eine tägliche Ölmassage vor dem Bad oder der Dusche
ist empfehlenswert.

Pitta

Pitta-Typen haben viele Eigenschaften
des Feuers: heiß, durchdringend, scharf
und aufwühlen. Sie haben einen
warmen Körper, durchdringende Ideen
und einen scharfen Verstand. Wenn sie
unausgeglichen sind, werden sie unruhig und sind schlecht gelaunt. Da die
Merkmale von Pitta ölig, heiß, leicht,

beweglich, zerstreuend und flüssig sind, kann jedes davon Pitta reizen. Sommer ist die Saison der Pittas. Hier treten die meisten Störungen auf. Ernährung und Lebensstil sollten sich auf Abkühlung konzentrieren. Menschen mit einem Pitta-Überschuss sollten nicht bei Hitze trainieren.

Kapha

Kaphas sind stark und ausdauernd. Befinden sie sich im Gleichgewicht, sind sie liebenswürdige Menschen. Sie werden von süßen, salzigen und öligen Speisen angezogen, aber ihre Konstitution profitiert vom scharfen, strengen oder bitteren Geschmack. Sie neigen bei zunehmendem Mond zu Wassereinlagerungen. Kapha ist im Winter vorherrschend und man sollte sich zu dieser Zeit besonders an die Hinweise zum Ausgleich dieses Doshas halten.

Prüfen Sie Ihr Dosha

Bevor Sie eine ayurvedische Behandlung beginnen, müssen Sie sicher sein, dass Sie Ihr Dosha genau kennen.

EIN GLÜCKLICHES LEBEN

Unser Ziel ist ein langes, glückliches Leben. Ayurveda kann Körper, Geist und Seele dabei helfen, dies zu erreichen. Das Ziel von Ayurveda ist nicht nur, Ihre Lebenszeit zu verlängern, sondern Ihre Zeit mit mehr Leben zu erfüllen. Nur wenn Körper, Geist und Seele in Harmonie sind, ist die absolute Gesundheit möglich. Ayurveda wendet sich mit breit gefächerten Behandlungsmöglichkeiten an all diese Bereiche und verändert Ihren Lebensstil jetzt und in der Zukunft.

Stress

Stress ist eine relativ neue Erscheinung, trotzdem machen bereits die ayurvedischen Abhandlungen die Nachteile eines solchen Lebens deutlich. Ayurveda lehrt uns, richtig zu leben und das bedeutet gesund und glücklich zu sein, für uns selbst und für andere. Wenn Sie sich jeden Tag in die Tretmühlen einspannen lassen, zu schwer arbeiten, eine unglückliche Beziehung haben, von Geld und Erfolg besessen sind und kaum jemals Ihre Familie sehen, ist es eindeutig, dass Sie nicht auf die richtige Art leben. Ayurveda bietet Ihnen die Möglichkeit, dies zu ändern.

Betrachten Sie Ihr Leben

Macht Stress einen großen Teil Ihres Lebens aus, leiden Glück und Gesundheit darunter und Sie werden unausgeglichen.

Raus aus der Tretmühle

Nehmen Sie sich Zeit für sich selbst. Dies gleicht den Stress des modernen Lebensstils aus.

Altern

Nach der ayurvedischen Lehre ist das Altern ein intellektuelles Fehlurteil, da Menschen ausschließlich nach ihrem körperlichen Zustand bewertet werden. Vergessen Sie Ihr Alter. Konzentrieren Sie sich auf die Fähigkeiten und die Frische Ihres Geistes und erlauben Sie es sich, alters- und zeitlos zu werden.

GLOSSAR

Agni Die Bezeichnung für alle Feuer, von der Verdauung bis zum kosmischen Feuer.

Ama Allgemeiner Begriff für Giftstoffe, die durch schlechten Stoffwechsel anfallen.

Chakras Die sieben Energiezentren des Körpers.

Charaka Samhita Eine der ersten bedeutenden Schriften des Ayurveda. Entstand vor ca. 3000 Jahren.

Dhaatus Die Gewebe: Plasma, Blut, Muskeln, Fett, Knochen, Knochenmark, Nerven und die Fortpflanzungsgewebe.

Dosha Unsichtbare Kraft (das Wort bedeutet „Fehler"). Es gibt drei Doshas – Vata, Pitta und Kapha –, die für alle Abläufe in Körper und Geist verantwortlich sind.

Ghee Geklärte Butter.

Jyotish Indische Astrologie, die bei der Heilung hilft.

Kapha Eines der drei Doshas, bestehend aus den Elementen Wasser und Luft.

Malas Die Abfallprodukte: Schweiß, Urin und Kot.

Marma-Punkte Punkte auf dem Körper, die wichtig für den Fluss der Lebensenergie sind.

Ojas Hormonartige Substanz, die Körper, Geist und Seele verbindet. Ojas transportiert Energie vom Geist zum Körper und kontrolliert das Immunsystem.

Panchakarma 5-stufiges Reinigungsprogramm.

Panchamahabhutas Die fünf großen Elemente oder Zustände der Materie: Äther (Raum), Luft, Feuer, Wasser und Erde.

Pitta Eines der drei Doshas, bestehend aus den Elementen Feuer und Wasser.

Prakrithi Unser angeborener Zustand oder Konstitution.

Prana Lebenskraft.

Purvakarma Reinigungsprogramm, das den Körper auf die Pachakarma-Kur vorbereitet.

Rajasic Der normale Geisteszustand mit häufigen Stimmungsschwankungen.

Rasa Geschmacksrichtungen und die Gefühle, die durch sie entstehen.

Rasayana Verjüngungstherapie. Versetzt Körper, Geist und Seele in den Urzustand zurück.

Sattvic Der höchste Geisteszustand, das Gleichgewicht. Wird durch spirituelle Entwicklung erreicht.

Tamasic Der niedrigste Geisteszustand, charakterisiert durch Negativität, Egoismus, Antriebslosigkeit und schlechte Ernährung.

Vata Eines der drei Doshas, bestehend aus den Elementen Luft und Raum.

Veden Die heiligen indischen Bücher der Weisheit.

Vikruthi Ihr momentaner, veränderlicher Gesundheitszustand, der ein Ausdruck des Zustands der drei Doshas ist.

WEITERE TITEL IN DIESER REIHE:
NUR € 3.99

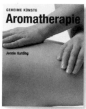

Aromatherapie
Jennie Harding
ISBN 3–8228–2483–6

**Reflexzonen-
massage**
Chris McLaughlin &
Nicola Hall
ISBN 3–8228–2486–0

Handlesen
Peter West
ISBN 3–8228–2501–8

Reiki
Anne Charlish &
Angela Robertshaw
ISBN 3–8228–2498–4

Qi Gong
Angus Clark
ISBN 3–8228–2495–X

Shiatsu
Cathy Meeus
ISBN 3–8228–2492–5

WEITERE TITEL IN DIESER REIHE:
NUR € 3.99

Tarot
Annie Lionnet
ISBN 3-8228-2480-1

Traumdeutung
Caro Ness
ISBN 3-8228-2477-1

Yoga
Jennie Bittleston
ISBN 3-8228-2504-2

NÜTZLICHE ADRESSEN

Deutsche Gesellschaft für Ayurveda e. V.
Wildbadstraße 201
56841 Traben-Trarbach
Tel.: 06541 / 58 17
Fax: 06541 / 81 19 82
Internet: www.ayurveda.de
Unter anderem erhält man hier eine Liste der in Deutschland praktizierenden Ayurveda-Ärzte.

Deutscher Wellness-Verband e. V.
Wetterstraße 7
40233 Düsseldorf
Tel.: 0211 / 679 69 11
Fax: 0211 / 679 69 12

Förderverein für Yoga und Ayurveda
Weidener Straße 3
81737 München
Tel.: 089 / 637 10 12
Fax: 089 / 670 89 79
Internet: www.marmayoga.de
Einzige deutsche Ausbildungsstätte für Marma-Massagen.

Internationale Gesellschaft zur Erhaltung und Förderung von Ayurveda
Kaiserstraße 66
76133 Karlsruhe
Tel.: 0721 / 35 45 99 0
Fax: 0721 / 35 45 99 1
E-Mail: info@interspa-ayurveda.de
Internet: www.interspa-ayurveda.de

Deutscher Zentralverein homöopathischer Ärzte
Geschäftsstelle:
Am Hofgarten 5
53113 Bonn
Tel.: 0228 / 24 25 330
Fax: 0228 / 24 25 331
Internet: www.homeopathy.de

VKHD e.V.
Verband klassischer Homöopathen Deutschlands e. V.
Thränstr. 29
89077 Ulm
Tel.: 0731 / 931 40 40
Fax: 0731 / 931 40 41
Internet: www.vkhd.de

Zentralverband der Ärzte für Naturheilverfahren
Am Promenadenplatz 1
72250 Freudenstadt
Tel.: 0 74 41 / 91 858 0
Fax: 0 74 41 / 91 858 22
E-Mail:mail@zaen.org
Internet: www.zaën.de

Ärztegesellschaft für Erfahrungsheilkunde e. V. (EHK)
Rüdigerstr. 14
70469 Stuttgart
Tel.: 0711 / 8931 343
Fax: 0711 / 8931 370

GEHEIME KÜNSTE

REGISTER

DANKSAGUNG

Die Herausgeber bedanken sich für die fotografischen Leihgaben bei: Cargo HomeShop, London; The Ayurvedic Trading Company; Mysteries, London; Neal's Yard Remedies, London; und Debbie Moore für Pineapple, London.

Besonderer Dank geht an The Ayurvedic Charitable Hospital, London, und Dr. Dattani, Dr. Malagi, Dr. Indulal sowie Dr. Gunawant für die freundliche Unterstützung bei diesem Buch. Vielen Dank auch an Mark Ansari, Denise Christian, Michaela Clarke, Ben Evans, Jamie Hickton, Miranda La-Crette und Louise Sweeney für ihre Hilfe bei den Fotografien.

BILDNACHWEIS